MANUEL

A L'USAGE

DE MM. LES PRÉFETS, SOUS-PRÉFETS,

MAIRES ET PERCEPTEURS,

POUR L'EXÉCUTION

DE LA LOI DU 21 MARS 1831

sur l'organisation municipale,

SUIVI

D'EXPLICATIONS ET DE MODÈLES

RELATIFS AUX LISTES DES ÉLECTEURS CANTONAUX ET D'ARRONDISSEMENT;

PAR M. CHABANIER,

CHEF DU SECRÉTARIAT DE LA PRÉFECTURE DE LA DROME.

A VALENCE,

DE L'IMPRIMERIE DE BOREL, ÉDITEUR,

RUE SAINTE-MARIE, N.° 1.

1833.

COPIE

De la Lettre de M. le Ministre de l'Intérieur et des Cultes à M. le Préfet de la Drome.

Paris, le 5 août 1833.

Monsieur le Préfet,

Vous m'avez fait l'honneur de m'adresser un travail rédigé par M. Chabanier, Chef du Secrétariat de votre Préfecture, pour l'exécution de la Loi du 21 mars 1831, en ce qui concerne les Élections municipales. Ce travail est fait avec soin, et la publication n'en peut être que fort utile, particulièrement pour guider les Maires et les Percepteurs dans les opérations relatives à la formation des Listes électorales.

Je fais connaître directement à M. Chabanier mon approbation, et je regrette que le défaut de fonds ne me permette pas d'encourager par des souscriptions la publication de son ouvrage.

Agréez, Monsieur le Préfet, l'assurance de ma considération distinguée.

Le Pair de France, Ministre de l'Intérieur et des Cultes,

C.te D'ARGOUT.

COPIE de la Lettre de M. le Ministre de l'Intérieur et des Cultes à M. Chabanier, Chef du Secrétariat de la Préfecture de la Drome.

Paris, le 5 août 1833.

Monsieur,

J'ai examiné le travail que vous m'avez adressé et que vous vous proposez de publier sous le titre : *Manuel à l'usage des Préfets, Sous-Préfets, Maires et Percepteurs, pour l'exécution de la Loi du 21 mars 1831 sur l'organisation municipale.*

Cet ouvrage, accompagné de divers tableaux et modèles d'actes, m'a paru fait avec beaucoup de soin, et de nature à faciliter la révision annuelle des Listes d'électeurs communaux. L'expérience a prouvé le succès du mode et des détails d'exécution des lois sur les élections qui ont été mis en pratique dans le département de la Drome. Je ne puis que vous encourager à publier un travail qui sera fort utile, et particulièrement pour MM. les Maires et MM. les Percepteurs.

Agréez, Monsieur, l'assurance de ma considération distinguée.

Le Pair de France, Ministre de l'Intérieur et des Cultes,

C.te D'ARGOUT.

PREMIÈRE PARTIE.

Lois électorales.

LOI

Du 21 Mars 1831,

SUR L'ORGANISATION MUNICIPALE.

CHAPITRE PREMIER.

De la composition du Corps municipal.

Article premier.

Le corps municipal de chaque commune se compose du maire, de ses adjoints et des conseillers municipaux.

Les fonctions des maires, des adjoints et des autres membres du corps municipal, sont essentiellement gratuites, et ne peuvent donner lieu à aucune indemnité, ni frais de représentation.

Art. 2.

Il y aura un seul adjoint dans les communes de deux mille cinq cents habitans et au-dessous, deux dans celles de deux mille cinq cents à dix mille habitans, et dans les communes d'une population supérieure un adjoint de plus par chaque excédant de vingt mille habitans. (*Loi du 28 pluviôse an VIII, art.* 12.)

Lorsque la mer ou quelque autre obstacle rend difficiles, dangereuses ou momentanément impossibles, les communications entre le chef-lieu et une portion de commune, un adjoint spécial, pris parmi les habitans de cette fraction, est nommé en sus du nombre ordinaire, et remplit les fonctions d'officier de l'état civil dans cette partie détachée de la commune (1).

Art. 3.

Les maires et les adjoints sont nommés par le Roi, ou en son nom par le préfet.

(1) Il y a lieu dans ce cas, conformément au § 3 de l'article 9, de nommer immédiatement un nouveau conseiller municipal dans les communes divisées en sections. Cette élection doit être faite par la section à laquelle est attaché l'adjoint spécial, à moins que le conseil municipal ne fasse une demande contraire; dans ce cas, l'administration supérieure décidera par quelle section l'élection doit être faite. (*Circulaire du 30 novembre* 1831.)

Dans les communes qui ont trois mille habitans et au-dessus, ils sont nommés par le Roi, ainsi que dans les chefs-lieux d'arrondissement, quelle que soit la population.

Les maires et les adjoints seront choisis parmi les membres du conseil municipal, et ne cesseront pas pour cela d'en faire partie.

Ils peuvent être suspendus par un arrêté du préfet; mais ils ne sont révocables que par une ordonnance du Roi.

ART. 4.

Les maires et les adjoints sont nommés pour trois ans; ils doivent être âgés de vingt-cinq ans accomplis.

Ils doivent avoir leur domicile réel dans la commune.

ART. 5.

En cas d'absence ou d'empêchement, le maire est remplacé par l'adjoint disponible le premier dans l'ordre des nominations.

En cas d'absence ou d'empêchement du maire et des adjoints, le maire est remplacé par le conseiller municipal le premier dans l'ordre du tableau (1), lequel sera dressé suivant le nombre des suffrages obtenus (2).

ART. 6.

Ne peuvent être ni maires ni adjoints,

1° Les membres des cours et tribunaux de première instance et des justices de paix (3);

2° Les ministres des cultes (4);

3° Les militaires et employés des armées de terre et de mer en activité de service ou en disponibilité (5);

4° Les ingénieurs des ponts et chaussées et des mines en activité de service;

5° Les agens et employés des administrations financières (6) et des forêts;

6° Les fonctionnaires et employés des colléges communaux et les instituteurs primaires;

7° Les commissaires et agens de police.

ART. 7.

Néanmoins les juges suppléans aux tribunaux de première instance et les suppléans des juges de paix, peuvent être maires ou adjoints.

Les agens salariés du maire ne peuvent être ses adjoints.

---

(1) Bien que l'article 5 ne mentionne point d'exception pour les conseillers revêtus de fonctions incompatibles, il serait cependant contraire aux principes établis par l'article 6 de les appeler, même temporairement, à l'exercice des places de maire et d'adjoint; ils doivent donc être considérés comme étant en dehors du tableau. (*Circulaire du* 22 *mars* 1832.)

(2) Dans le cas où un conseiller refuserait, sans excuses admissibles, de prendre à son tour l'administration de la commune, au défaut de maire et d'adjoints, on peut induire des dispositions de l'article 26 qu'il y a lieu de le déclarer démissionnaire, comme se refusant à l'accomplissement d'une obligation attachée aux fonctions qu'il remplit : il faudrait toutefois, après avoir rejeté son excuse, le mettre en demeure de se désister de son refus. (*Circulaire du* 22 *mars* 1833.)

(3) Les greffiers des cours, tribunaux et justices de paix, sont compris dans l'exclusion. (*Circulaire du* 18 *septembre* 1831.)

(4) Soit qu'ils exercent ou non leur ministère dans la commune. (*Circulaire du* 18 *septembre* 1831.)

(5) L'incompatibilité s'étend aux agens commissionnés des vivres, des hôpitaux, des transports, aux commis de la marine, etc. (*Circulaire du* 18 *septembre* 1831.)

(6) L'exclusion prononcée à l'égard des agens et employés des administrations financières n'admet point d'exception.

Art. 8.

Il y a incompatibilité entre les fonctions de maire et d'adjoint et le service de la garde nationale.

CHAPITRE II.

Des Conseils municipaux.

SECTION PREMIÈRE.

De la composition des Conseils municipaux.

Art. 9.

Chaque commune a un conseil municipal composé, y compris les maire et adjoints,
De dix membres, dans les communes de cinq cents habitans et au-dessous;
De douze, dans celles de cinq cents à quinze cents;
De seize, dans celles de quinze cents à deux mille cinq cents;
De vingt et un, dans celles de deux mille cinq cents à trois mille cinq cents;
De vingt-trois, dans celles de trois mille cinq cents à dix mille;
De vingt-sept, dans celles de dix mille à trente mille;
Et de trente-six, dans celles d'une population de trente mille ames et au-dessus.

Dans les communes où il y aura plus de trois adjoints, le conseil municipal sera augmenté d'un nombre de membres égal à celui des adjoints au-dessus de trois.

Dans celles où il aura été nommé un ou plusieurs adjoints spéciaux et supplémentaires, en vertu du second paragraphe de l'article 2 de la présente Loi, le conseil municipal sera également augmenté d'un nombre égal à celui de ces adjoints.

Art. 10.

Les conseillers municipaux sont élus par l'assemblée des électeurs communaux.

Art. 11.

Sont appelés à cette assemblée, 1° les citoyens les plus imposés aux rôles des contributions directes de la commune (1), âgés de vingt et un ans accomplis, dans les proportions suivantes (2) :

Pour les communes de mille ames et au-dessous, un nombre égal au dixième de la population de la commune.

Ce nombre s'accroîtra de cinq par cent habitans en sus de mille jusqu'à cinq mille;

De quatre par cent habitans en sus de cinq mille jusqu'à quinze mille;

De trois par cent habitans au-dessus de quinze mille.

2° Les membres des cours et tribunaux, les juges de paix et leurs suppléans;

Les membres des chambres de commerce, des conseils de manufactures, des conseils de prud'hommes;

Les membres des commissions administratives des colléges, des hospices et des bureaux de bienfaisance;

Les officiers de la garde nationale;

---

(1) Nul ne peut se prévaloir des contributions payées dans une autre commune.

(2) Voir, à la suite de la présente Loi, le Tableau du nombre d'électeurs communaux pris parmi les plus imposés, conformément à ce §.

Les membres et correspondans de l'Institut, les membres des sociétés savantes instituées ou autorisées par une loi ;

Les docteurs de l'une ou de plusieurs des facultés de droit, de médecine, des sciences, des lettres, après trois ans de domicile réel dans la commune ;

Les avocats inscrits au tableau, les avoués près les cours et tribunaux, les notaires, les licenciés de l'une des facultés de droit, des sciences, des lettres, chargés de l'enseignement de quelqu'une des matières appartenant à la faculté où ils auront pris leur licence, les uns et les autres après cinq ans d'exercice et de domicile réel dans la commune ;

Les anciens fonctionnaires de l'ordre administratif et judiciaire jouissant d'une pension de retraite ;

Les employés des administrations civiles et militaires jouissant d'une pension de retraite de six cents francs et au-dessus ;

Les élèves de l'école polytechnique qui ont été, à leur sortie, déclarés admis ou admissibles dans les services publics, après deux ans de domicile réel dans la commune : toutefois les officiers appelés à jouir du droit électoral, en qualité d'anciens élèves de l'école polytechnique, ne pourront l'exercer dans les communes où ils se trouveront en garnison qu'autant qu'ils y auraient acquis leur domicile civil ou politique avant de faire partie de la garnison ;

Les officiers de terre et de mer jouissant d'une pension de retraite ;

Les citoyens appelés à voter aux élections des membres de la Chambre des Députés ou des conseils généraux des départemens, quel que soit le taux de leurs contributions dans la commune.

Art. 12.

Le nombre des électeurs domiciliés dans la commune ne pourra être moindre de trente, sauf le cas où il ne se trouverait pas un nombre suffisant de citoyens payant une contribution personnelle.

Art. 13.

Les citoyens qualifiés pour voter dans l'assemblée des électeurs communaux, conformément au paragraphe 2 de l'article 11, et qui seraient en même temps inscrits sur la liste des plus imposés, voteront en cette dernière qualité.

Art. 14.

Le tiers de la contribution du domaine exploité par un fermier à prix d'argent ou à portion de fruits, lui est compté pour être inscrit sur la liste des plus imposés de la commune, sans diminution des droits du propriétaire du domaine (1).

Art. 15.

Les membres du conseil municipal seront tous choisis sur la liste des électeurs communaux, et les trois quarts au moins parmi les électeurs domiciliés dans la commune (2).

Art. 16.

Les deux tiers des conseillers municipaux sont nécessairement choisis parmi les électeurs

---

(1) Cette application ne doit avoir lieu qu'autant qu'il existe un bail authentique. (*Cour de cassation.*)

(2) Voir, à la suite de la présente Loi, le Tableau présentant ces proportions suivant la force respective des conseils municipaux.

désignés au paragraphe 1er de l'article 11 ; l'autre tiers peut être choisi parmi tous les citoyens ayant droit de voter dans l'assemblée en vertu de l'article 11 (1).

Art. 17.

Les conseillers municipaux doivent être âgés de vingt-cinq ans accomplis. Ils sont élus pour six ans et toujours rééligibles.

Les conseils seront renouvelés par moitié tous les trois ans.

Art. 18.

Les préfets, sous-préfets, secrétaires généraux et conseillers de préfecture, les ministres des divers cultes en exercice dans la commune (2), les comptables des revenus communaux (3), et tout agent salarié par la commune (4), ne peuvent être membres des conseils municipaux. Nul ne peut être membre de deux conseils municipaux.

Art. 19.

Tout membre d'un conseil municipal dont les droits civiques auraient été suspendus, ou qui en aurait perdu la jouissance, cessera d'en faire partie, et ne pourra être réélu que lorsqu'il aura recouvré les droits dont il aurait été privé.

Art. 20.

Dans les communes de cinq cents ames et au-dessus, les parens au degré de père, de fils, de frère, et les alliés au même degré, ne peuvent être en même temps membres du même conseil municipal (5).

Art. 21.

Toutes les dispositions des lois précédentes, concernant les incompatibilités et empêchemens des fonctions municipales, sont abrogées.

Art. 22.

En cas de vacance dans l'intervalle des élections triennales, il devra être procédé au

---

(1) Voir, à la suite de la présente Loi, le Tableau présentant ces proportions suivant la force respective des conseils municipaux. (Ce Tableau est le même que pour l'article 15.)

(2) Les mots « *en exercice* » se rapportent aux *ministres des cultes* et non pas aux *cultes*. Ainsi la prohibition des fonctions de conseiller municipal s'applique aux ministres du culte qui exercent leur ministère dans l'étendue de la commune. (*Circulaire du* 11 *août* 1831.)

(3) On doit comprendre dans cette exclusion les receveurs des hospices et bureaux de bienfaisance, et, en général, les comptables qui perçoivent les revenus des établissemens à l'existence desquels la commune concourt au moyen de subventions; attendu qu'aux termes de l'Ordonnance du 31 octobre 1821 (art. 12), les conseils municipaux sont appelés à délibérer sur le réglement des budgets et des comptes des hospices et établissemens soutenus par les fonds communaux. (*Circulaire du* 11 *août* 1831.)

(4) Cette prohibition n'embrasse que les agens qui reçoivent un traitement ou salaire sur le budget de la commune : elle ne frappe pas les employés salariés par un établissement placé sous la surveillance municipale. (*Circulaire du* 11 *août* 1831.)

(5) On entend par *allié* d'une famille l'individu qui est uni par un mariage encore subsistant, ou qui l'a été par un mariage dont il reste des enfans, avec une personne de cette famille; mais il n'y a point *alliance* dans le sens légal entre des individus qui ont contracté mariage dans la même famille. Ainsi les maris des deux sœurs ne sont pas alliés dans le sens légal. L'alliance n'a lieu qu'avec les *parens* de la femme et non point avec ses *alliés*. L'empêchement établi par l'article 20 a donc lieu entre le père et le fils, entre les frères, entre le beau-père et le gendre, entre le beau-père et le beau-fils (fils de la femme), entre les deux beaux-frères, qui sont l'un époux, l'autre frère de la même femme, pourvu qu'il n'y ait pas de veuvage sans enfans. L'alliance continue lorsqu'un second mariage a été contracté et qu'il reste des enfans du mariage qui a établi l'alliance.

remplacement dès que le conseil municipal se trouvera réduit aux trois quarts de ses membres.

SECTION II.

Des Assemblées des Conseils municipaux.

Art. 23.

Les conseils municipaux se réunissent quatre fois l'année, au commencement des mois de février, mai, août et novembre. Chaque session peut durer dix jours.

Art. 24.

Le préfet ou sous-préfet prescrit la convocation extraordinaire du conseil municipal, ou l'autorise sur la demande du maire, toutes les fois que les intérêts de la commune l'exigent.

Dans les sessions ordinaires, le conseil municipal peut s'occuper de toutes les matières qui rentrent dans ses attributions.

En cas de réunion extraordinaire, il ne peut s'occuper que des objets pour lesquels il a été spécialement convoqué.

La convocation pourra également être autorisée pour un objet spécial et déterminé, sur la demande du tiers des membres du conseil municipal adressée directement au préfet, qui ne pourra la refuser que par un arrêté motivé, qui sera notifié aux réclamans, et dont ils pourront appeler au Roi.

Le maire préside le conseil municipal; les fonctions de secrétaire sont remplies par un de ses membres, nommé au scrutin et à la majorité à l'ouverture de chaque session.

Art. 25.

Le conseil municipal ne peut délibérer que lorsque la majorité des membres en exercice assiste au conseil.

Il ne pourra être refusé à aucun des citoyens contribuables de la commune communication, sans déplacement, des délibérations des conseils municipaux.

Art. 26.

Le préfet déclarera démissionnaire tout membre d'un conseil municipal qui aura manqué à trois convocations consécutives, sans motifs reconnus légitimes par le conseil.

Art. 27.

La dissolution des conseils municipaux peut être prononcée par le Roi.

L'ordonnance de dissolution fixera l'époque de la réélection.

Il ne pourra y avoir un délai de plus de trois mois entre la dissolution et la réélection. Toutefois, dans le cas où les maire et adjoints cesseraient leurs fonctions par des causes quelconques avant la réélection du corps municipal, le Roi, ou le préfet en son nom, pourront désigner sur la liste des électeurs de la commune les citoyens qui exerceront provisoirement les fonctions de maire et d'adjoints.

Art. 28.

Toute délibération d'un conseil municipal portant sur des objets étrangers à ses attributions est nulle de plein droit. Le préfet, en conseil de préfecture, déclarera la nullité; le conseil pourra appeler au Roi de cette décision.

ART. 29.

Sont pareillement nulles de plein droit toutes délibérations d'un conseil municipal prises hors de sa réunion légale. Le préfet, en conseil de préfecture, déclarera l'illégalité de l'assemblée et la nullité de ses actes.

Si la dissolution du conseil est prononcée, et si dans le nombre de ses actes il s'en trouve qui soient punissables d'après les lois pénales en vigueur, ceux des membres du conseil qui y auraient participé sciemment pourront être poursuivis.

ART. 30.

Si un conseil se mettait en correspondance avec un ou plusieurs autres conseils, ou publiait des proclamations ou adresses aux citoyens, il serait suspendu par le préfet, en attendant qu'il eût été statué par le Roi.

Si la dissolution du conseil était prononcée, ceux qui auraient participé à ces actes pourront être poursuivis conformément aux lois pénales en vigueur.

ART. 31.

Lorsqu'en vertu de la dissolution prononcée par le Roi, un conseil aura été renouvelé en entier, le sort désignera, à la fin de la troisième année, les membres qui seront à remplacer.

CHAPITRE III.

DES LISTES ET DES ASSEMBLÉES DES ÉLECTEURS COMMUNAUX.

SECTION PREMIÈRE.

De la formation des Listes.

ART. 32.

Le maire, assisté du percepteur et des commissaires répartiteurs, dressera la liste de tous les contribuables de la commune jouissant des droits civiques, et qualifiés, à raison de la quotité de leurs contributions, pour faire partie de l'assemblée communale, conformément à l'article 11 ci-dessus.

Les plus imposés seront inscrits sur cette liste dans l'ordre décroissant de la quotité de leurs contributions.

ART. 33.

Cette liste présentera la quotité des impôts de chacun de ceux qui y seront portés; elle énoncera le chiffre de la population de la commune, et sera affichée dans la commune, et communiquée, au secrétariat de la mairie, à tout requérant.

ART. 34.

Tout individu omis pourra, pendant un mois, à dater de l'affiche, présenter sa réclamation à la mairie.

Dans le même délai, tout électeur inscrit sur la liste pourra réclamer contre l'inscription de tout individu qu'il croirait indûment porté.

ART. 35.

Le maire prononcera dans le délai de huit jours, après avoir pris l'avis d'une commission de trois membres du conseil délégués à cet effet par le conseil municipal. Il notifiera dans le même délai sa décision aux parties intéressées.

ART. 36.

Toute partie qui se croirait fondée à contester une décision rendue par le maire dans la forme ci-dessus, peut en appeler dans le délai de quinze jours devant le préfet, qui, dans le délai d'un mois, prononcera en conseil de préfecture et notifiera sa décision (1).

ART. 37.

Le maire, sur la notification de la décision intervenue, fera sur la liste la rectification prescrite.

ART. 38.

Le maire dressera la liste des électeurs appelés à voter dans l'assemblée de la commune en vertu du paragraphe 2 de l'article 11 ci-dessus, avec l'indication de la date des diplômes, inscriptions, domicile, et autres conditions exigées par ce paragraphe.

ART. 39.

Les dispositions des articles 33, 34, 35, 36 et 37, sont applicables aux listes des électeurs dressées en exécution de l'article précédent.

ART. 40.

L'opération de la confection des listes commencera, chaque année, le 1er janvier; elles seront publiées et affichées le 8 du même mois, et closes définitivement le 31 mars. Il ne sera plus fait de changement aux listes pendant tout le cours de l'année : en cas d'élections, tous les citoyens qui y seront portés auront droit de voter, excepté ceux qui auraient été privés de leurs droits civiques par un jugement.

ART. 41.

Les dispositions relatives à l'attribution des contributions contenues dans les lois concernant l'élection des députés sont applicables aux élections réglées par la présente Loi (2).

ART. 42.

Les difficultés relatives, soit à cette attribution, soit à la jouissance des droits civiques ou civils et au domicile réel ou politique, seront portées devant le tribunal civil de l'arrondissement (3), qui statuera en dernier ressort, suivant les formes établies par l'article 18 de la Loi du 2 juillet 1828 (4).

---

(1) Les appels ne peuvent être portés devant le préfet en conseil de préfecture, qu'autant que les décisions ne présentent pas des difficultés relatives à l'attribution des contributions, à la jouissance des droits civils ou civiques et au domicile. (Voir l'article 42.)

(2) Voir ces dispositions dans les articles 4, 6, 7, 8 et 9 de la Loi du 19 avril 1831, placée à la suite de la présente Loi.

(3) Voir la note de l'article 36.

(4) L'article 18 de la Loi du 2 juillet 1828 est ainsi conçu : « Toute partie qui se croira fondée à » contester une décision rendue par le préfet en conseil de préfecture, pourra porter son action devant » la cour royale du ressort.

» L'exploit introductif d'instance devra, sous peine de nullité, être notifié dans les dix jours, tant » au préfet qu'aux parties intéressées.

» Dans le cas où la décision du préfet en conseil de préfecture aurait rejeté une demande d'in- » scription formée par un tiers, l'action ne pourra être intentée que par l'individu dont l'inscription

SECTION II.

Des Assemblées des Électeurs communaux.

Art. 43.

L'assemblée des électeurs est convoquée par le préfet.

Art. 44.

Dans les communes qui ont deux mille cinq cents ames et plus, les électeurs sont divisés en sections.

Le nombre des sections sera tel, que chacune d'elles ait au plus huit conseillers à nommer dans les communes de deux mille cinq cents à dix mille habitans; six, dans celles de dix mille à trente mille ; et quatre, dans celles dont la population excède ce dernier nombre (1).

La division en sections se fera par quartiers voisins, et de manière à répartir également le nombre des votans, autant que faire se pourra, entre les sections.

Le nombre et la limite des sections seront fixés par une ordonnance du Roi, le conseil municipal entendu.

Chaque section nommera un nombre égal de conseillers, à moins toutefois que le nombre des conseillers ne soit pas exactement divisible par celui des sections, auquel cas les premières sections, suivant l'ordre des numéros, nommeront un conseiller de plus. Leur réunion aura lieu à cet effet successivement, à deux jours de distance.

L'ordre des numéros sera déterminé pour la première fois par la voie du sort, en assemblée publique du conseil municipal. A chaque élection nouvelle, la section qui avait le premier numéro dans l'élection précédente prendra le dernier, celle qui avait le second prendra le premier, et ainsi de suite.

Les sections seront présidées, savoir : la première à voter, par le maire, et les autres successivement, par les adjoints dans l'ordre de leur nomination, et par les conseillers municipaux dans l'ordre du tableau. Les quatre scrutateurs sont les deux plus âgés et les deux plus jeunes des électeurs présens sachant lire et écrire ; le bureau ainsi constitué désigne le secrétaire.

Art. 45.

Dans les communes qui ont moins de deux mille cinq cents ames, les électeurs se réuniront en une seule assemblée. Toutefois, sur la proposition du conseil général du département, et le conseil municipal entendu, les électeurs pourront être divisés en sections par un arrêté du préfet. Le même arrêté fixera le nombre et la limite des sections, et le nombre des conseillers qui devront être nommés par chacune d'elles.

» était réclamée. (Ce § 3 est inutile, attendu que la Loi du 21 mars n'accorde pas aux tiers le droit de réclamer des inscriptions.)

» La cause sera jugée sommairement, toutes affaires cessantes, et sans qu'il soit besoin du ministère » d'avoué. Les actes judiciaires auxquels elle donnera lieu seront enregistrés *gratis*. L'affaire sera rap- » portée en audience publique par un des membres de la cour, et l'arrêt sera prononcé après que le » ministère public aura été entendu.

» S'il y a pourvoi en cassation, il sera procédé comme devant la cour royale, avec la même exemp- » tion de droits d'enregistrement, sans consignation demandée. »

(1) Voir, à la suite de la présente Loi, le Tableau présentant le minimum du nombre de sections, tel qu'il résulte de la combinaison de ce § avec l'article 9 qui détermine le nombre des conseillers municipaux.

Les dispositions du précédent article relatives à la constitution du bureau sont applicables aux assemblées électorales des communes qui ont moins de deux mille cinq cents ames.

Art. 46.

Lorsqu'en exécution de l'article 22 il y aura lieu à remplacer des conseillers municipaux dans les communes dont le corps électoral se divise en sections, ces remplacemens seront faits par les sections qui avaient élu ces conseillers.

Art. 47.

Aucun électeur ne pourra déposer son vote qu'après avoir prêté, entre les mains du président, serment de fidélité au Roi des Français, d'obéissance à la Charte constitutionnelle et aux Lois du royaume.

Art. 48.

Le président a seul la police des assemblées. Elles ne peuvent s'occuper d'autres objets que des élections qui leur sont attribuées. Toute discussion, toute délibération, leur sont interdites.

Art. 49.

Les assemblées des électeurs communaux procèdent aux élections qui leur sont attribuées au scrutin de liste. La majorité absolue des votes exprimés est nécessaire au premier tour de scrutin; la majorité relative suffit au second.

Les deux tours de scrutin peuvent avoir lieu le même jour. Chaque scrutin doit rester ouvert pendant trois heures au moins. Trois membres du bureau au moins seront toujours présens.

Art. 50.

Le bureau juge provisoirement les difficultés qui s'élèvent sur les opérations de l'assemblée.

Art. 51.

Les procès-verbaux des assemblées des électeurs communaux seront adressés par l'intermédiaire du sous-préfet au préfet, avant l'installation des conseillers élus.

Si le préfet estime que les formes et conditions légalement prescrites n'ont pas été remplies, il devra déférer le jugement de la nullité au conseil de préfecture dans le délai de quinze jours, à dater de la réception du procès-verbal. Le conseil de préfecture prononcera dans le délai d'un mois.

Art. 52.

Tout membre de l'assemblée aura également le droit d'arguer les opérations de nullité. Dans ce cas, si la réclamation n'a pas été consignée au procès-verbal, elle devra être déposée dans le délai de cinq jours, à compter du jour de l'élection, au secrétariat de la mairie; il en sera donné récépissé, et elle sera jugée dans le délai d'un mois par le conseil de préfecture.

Si la réclamation est fondée sur l'incapacité légale d'un ou de plusieurs des membres élus, la question sera portée devant le tribunal d'arrondissement, qui statuera comme il est dit à l'article 42.

S'il n'y a pas eu de réclamations portées devant le conseil de préfecture, ou si ce conseil a négligé de prononcer dans les délais ci-dessus fixés, l'installation des conseillers élus aura lieu de plein droit. Dans tous les cas où l'annulation aura été prononcée, l'assemblée des électeurs devra être convoquée dans le délai de quinze jours, à partir de cette annulation.

L'ancien conseil restera en fonctions jusqu'à l'installation du nouveau.

CHAPITRE IV.

Dispositions transitoires.

Art. 53.

Toutes les opérations relatives à la confection des listes pour la première convocation des assemblées des électeurs, devront être terminées dans le délai de six mois, à dater de la promulgation de la présente Loi. La première nomination qui sera faite aura lieu intégralement pour chaque conseil municipal.

Lors de la deuxième élection, qui aura lieu trois ans après, le sort désignera ceux qui seront compris dans la moitié sortant.

Si la totalité du corps municipal est en nombre impair, la fraction la plus forte sortira la première.

Art. 54.

L'exécution de la présente Loi pourra être suspendue par le Gouvernement dans les communes où il le jugera nécessaire.

Cette suspension ne pourra durer plus d'un an, à partir de la promulgation de la présente Loi.

CHAPITRE V.

Dispositions générales.

Art. 55.

Il sera statué par une loi spéciale sur l'organisation municipale de la ville de Paris.

La présente Loi, discutée, délibérée et adoptée par la Chambre des Pairs et par celle des Députés, et sanctionnée par nous cejourd'hui, sera exécutée comme loi de l'État.

TABLEAU

Présentant le nombre d'Electeurs censitaires à porter sur la 1re Partie de la Liste, en raison de la population, conformément au 1er § de l'article 11 de la Loi du 21 mars 1831.

POPULATION.	NOMBRE D'ÉLECTEURS.	POPULATION.	NOMBRE D'ÉLECTEURS.	POPULATION.	NOMBRE D'ÉLECTEURS.
Communes de 1000 ames et au-dessus.					
de 100 à 104	10	de 405 à 414	41	de 705 à 714	71
105 114	11	415 424	42	715 724	72
115 124	12	425 434	43	725 734	73
125 134	13	435 444	44	735 744	74
135 144	14	445 454	45	745 754	75
145 154	15	455 464	46	755 764	76
155 164	16	465 474	47	765 774	77
165 174	17	475 484	48	775 784	78
175 184	18	485 494	49	785 794	79
185 194	19	495 504	50	795 804	80
195 204	20	505 514	51	805 814	81
205 214	21	515 524	52	815 824	82
215 224	22	525 534	53	825 834	83
225 234	23	535 544	54	835 844	84
235 244	24	545 554	55	845 854	85
245 254	25	555 564	56	855 864	86
255 264	26	565 574	57	865 874	87
265 274	27	575 584	58	875 884	88
275 284	28	585 594	59	885 894	89
285 294	29	595 604	60	895 904	90
295 304	30	605 614	61	905 914	91
305 314	31	615 624	62	915 924	92
315 324	32	625 634	63	925 934	93
325 334	33	635 644	64	935 944	94
335 344	34	645 654	65	945 954	95
345 354	35	655 664	66	955 964	96
355 364	36	665 674	67	965 974	97
365 374	37	675 684	68	975 984	98
375 384	38	685 694	69	985 994	99
385 394	39	695 704	70	995 1004	100
395 404	40				
Communes de 1001 à 5000 ames.					
de 1005 à 1014	101	de 1401 à 1500	125	de 2201 à 2300	165
1015 1024	102	1501 1600	130	2301 2400	170
1025 1034	103	1601 1700	135	2401 2500	175
1035 1044	104	1701 1800	140	2501 2600	180
1045 1100	105	1801 1900	145	2601 2700	185
1101 1200	110	1901 2000	150	2701 2800	190
1201 1300	115	2001 2100	155	2801 2900	195
1301 1400	120	2101 2200	160	2901 3000	200

POPULATION.	NOMBRE D'ÉLECTEURS.	POPULATION.	NOMBRE D'ÉLECTEURS.	POPULATION.	NOMBRE D'ÉLECTEURS.
		Suite des Communes de 1001 à 5000 ames.			
de 3001 à 3100	205	de 3701 à 3800	240	de 4401 à 4500	275
3101 3200	210	3801 3900	245	4501 4600	280
3201 3300	215	3901 4000	250	4601 4700	285
3301 3400	220	4001 4100	255	4701 4800	290
3401 3500	225	4101 4200	260	4801 4900	295
3501 3600	230	4201 4300	265	4901 5000	300
3601 3700	235	4301 4400	270		
		Communes de 5001 à 15000 ames.			
de 5001 à 5100	304	de 8401 à 8500	440	de 11801 à 11900	576
5101 5200	308	8501 8600	444	11901 12000	580
5201 5300	312	8601 8700	448	12001 12100	584
5301 5400	316	8701 8800	452	12101 12200	588
5401 5500	320	8801 8900	456	12201 12300	592
5501 5600	324	8901 9000	460	12301 12400	596
5601 5700	328	9001 9100	464	12401 12500	600
5701 5800	332	9101 9200	468	12501 12600	604
5801 5900	336	9201 9300	472	12601 12700	608
5901 6000	340	9301 9400	476	12701 12800	612
6001 6100	344	9401 9500	480	12801 12900	616
6101 6200	348	9501 9600	484	12901 13000	620
6201 6300	352	9601 9700	488	13001 13100	624
6301 6400	356	9701 9800	492	13101 13200	628
6401 6500	360	9801 9900	496	13201 13300	632
6501 6600	364	9901 10000	500	13301 13400	636
6601 6700	368	10001 10100	504	13401 13500	640
6701 6800	372	10101 10200	508	13501 13600	644
6801 6900	376	10201 10300	512	13601 13700	648
6901 7000	380	10301 10400	516	13701 13800	652
7001 7100	384	10401 10500	520	13801 13900	656
7101 7200	388	10501 10600	524	13901 14000	660
7201 7300	392	10601 10700	528	14001 14100	664
7301 7400	396	10701 10800	532	14101 14200	668
7401 7500	400	10801 10900	536	14201 14300	672
7501 7600	404	10901 11000	540	14301 14400	676
7601 7700	408	11001 11100	544	14401 14500	680
7701 7800	412	11101 11200	548	14501 14600	684
7801 7900	416	11201 11300	552	14601 14700	688
7901 8000	420	11301 11400	556	14701 14800	692
8001 8100	424	11401 11500	560	14801 14900	696
8101 8200	428	11501 11600	564	14901 15000	700
8201 8300	432	11601 11700	568		
8301 8400	436	11701 11800	572		

Communes au-dessus de 15000 ames.

Ajouter au nombre de 700 Electeurs qu'il faut pour 15000 ames :
30 Electeurs pour chaque mille en sus,
5 Electeurs pour chaque centaine en sus.

Nota. Une centaine commencée doit être comptée pour une centaine accomplie.

TABLEAU

PRÉSENTANT

1° *Le minimum du nombre de sections à former en raison de la population ;*

2° *Le nombre de Conseillers par section ;*

3° *Le nombre de Conseillers qui peuvent être choisis parmi les Électeurs censitaires et parmi les Électeurs qualifiés ;*

4° *Le nombre de vacances donnant lieu au remplacement, conformément à l'art. 22.*

POPULATION.	NOMBRE de CONSEILLERS MUNICIPAUX.	MINIMUM du NOMBRE de SECTIONS.	NOMBRE de CONSEILLERS À NOMMER PAR SECTION.	NOMBRE DE CONSEILLERS qui peuvent être choisis parmi		NOMBRE de VACANCES donnant lieu au REMPLACEMENT.
				LES ÉLECTEURS censitaires non domiciliés.	LES ÉLECTEURS qualifiés.	
au-dessous de 500	10	1	10	2	3	3
de 500 à 1500	12	1	12	3	4	3
1500 2500	16	1	16	4	5	4
2500 3500	21	3	7	5	7	6
3500 10000	23	3	8 — 7	5	7	6
10000 30000	27	5	6 — 5	6	9	7
30000 50000	36	9	4	9	12	9
50000 70000	37	10	4 — 3	9	12	10
70000 90000	38	10	4 — 3	9	12	10
90000 110000	39	10	4 — 3	9	13	10

LOI

Du 19 Avril 1831,

SUR LES ÉLECTIONS A LA CHAMBRE DES DÉPUTÉS.

TITRE Ier.

Des Capacités électorales.

ARTICLE 1er.

Tout Français jouissant des droits civils et politiques, âgé de vingt-cinq ans accomplis et payant deux cents francs de contributions directes, est électeur, s'il remplit d'ailleurs les autres conditions fixées par la présente Loi.

ART. 2.

Si le nombre des électeurs d'un arrondissement électoral ne s'élève pas à cent cinquante, ce nombre sera complété en appelant les citoyens les plus imposés au-dessous de deux cents francs.

Lorsqu'en vertu du paragraphe précédent les citoyens payant une quotité de contribution égale se trouveront appelés concurremment à compléter la liste des électeurs, les plus âgés seront inscrits jusqu'à concurrence du nombre déterminé par ledit article.

ART. 3.

Sont en outre électeurs, en payant cent francs de contributions directes,

1° Les membres et correspondans de l'Institut;

2° Les officiers des armées de terre et de mer jouissant d'une pension de retraite de douze cents francs au moins, et justifiant d'un domicile réel de trois ans dans l'arrondissement électoral.

Les officiers en retraite pourront compter, pour compléter les douze cents francs ci-dessus, le traitement qu'ils toucheraient comme membres de la Légion-d'Honneur.

ART. 4.

Les contributions directes qui confèrent le droit électoral sont la contribution foncière, les contributions personnelle et mobilière, la contribution des portes et fenêtres, les redevances fixes et proportionnelles des mines (1), l'impôt des patentes, et les supplémens d'impôt de toute nature connus sous le nom de centimes additionnels.

Les propriétaires des immeubles temporairement exemptés d'impôts pourront les faire expertiser contradictoirement et à leurs frais, pour en constater la valeur, de manière à

---

(1) Les redevances des mines ne sont pas portées sur les rôles des contributions directes de la commune, et ne peuvent être comptées dans le cens des *électeurs communaux*, non plus que le diplôme universitaire. (*Circulaire du 10 mai* 1831.)

établir l'impôt qu'ils paieraient, impôt qui alors leur sera compté pour les faire jouir des droits électoraux.

La patente sera comptée à tout médecin ou chirurgien employé dans un hôpital ou attaché à un établissement de charité, et exerçant gratuitement ses fonctions, bien que, par suite de ces mêmes fonctions, il soit dispensé de la payer.

Art. 5.

Le montant du droit annuel de diplôme, établi par l'art. 29 du décret du 17 septembre 1808, sera compté dans le cens électoral des chefs d'institution et des maîtres de pension, tant que les lois annuelles sur les finances continueront à en autoriser la perception.

Les chefs d'institution et les maîtres de pension justifieront de leur qualité par la représentation de leur diplôme; ils justifieront du paiement du droit par la représentation de la quittance que leur aura délivrée le comptable chargé de la perception de ce droit.

Le montant de ce droit annuel ne sera compté dans le cens électoral des chefs d'institution et des maîtres de pension, qu'autant que leur diplôme aura au moins une année de date à l'époque de la clôture de la liste électorale.

Art. 6.

Pour former la masse des contributions nécessaires à la qualité d'électeur, on comptera à chaque Français les contributions directes qu'il paie dans tout le royaume (1); au père, les contributions des biens de ses enfans mineurs dont il aura la jouissance (2), et au mari, celles de sa femme, même non commune en biens, pourvu qu'il n'y ait pas séparation de corps.

L'impôt des portes et fenêtres des propriétés louées est compté, pour la formation du cens électoral, aux locataires ou fermiers.

Les contributions foncière, des portes et fenêtres et des patentes, payées par une maison de commerce composée de plusieurs associés, seront, pour le cens électoral, partagées par égales portions entre les associés, sans autre justification qu'un certificat du président du tribunal de commerce énonçant les noms des associés. Dans le cas où l'un des associés prétendrait à une part plus élevée, soit parce qu'il serait seul propriétaire des immeubles, soit à tout autre titre, il sera admis à en justifier devant le préfet en produisant ses titres.

Art. 7.

Les contributions foncière, personnelle et mobilière, et des portes et fenêtres, ne sont comptées que lorsque la propriété foncière aura été possédée, ou la location faite, antérieurement aux premières opérations de la révision annuelle des listes électorales (3). Cette disposition n'est point applicable au possesseur à titre successif ou par avancement d'hoirie. La patente ne comptera que lorsqu'elle aura été prise, et l'industrie exercée, un an avant la clôture de la liste électorale (4).

---

(1) Pour la formation des listes des *électeurs communaux*, on doit lire : *dans la commune*, attendu qu'on ne doit tenir compte que des contributions directes portées aux rôles de la commune, et que nul ne peut se prévaloir des contributions qu'il paie au dehors. (*Circulaire du* 10 *mai* 1831.)

(2) Cette jouissance cesse lorsque l'enfant atteint sa dix-huitième année, ou qu'il est émancipé avant cet âge. Il y a donc lieu de déduire les contributions appliquées à ce titre, lorsque l'enfant atteint l'âge de dix-huit ans ou qu'il est émancipé.

(3) Antérieurement au 1er juin pour les listes d'arrondissement et de canton, et pour les électeurs communaux antérieurement au 1er janvier de l'année pour laquelle la nouvelle liste est formée.

(4) Antérieurement au 21 octobre de l'année précédente pour les listes d'arrondissement et de canton, et pour les électeurs communaux antérieurement au 31 mars de l'année précédente.

Art. 8.

Les contributions directes payées par une veuve, ou par une femme séparée de corps ou divorcée, seront comptées à celui de ses fils, petits-fils, gendres ou petits-gendres qu'elle désignera.

Art. 9.

Tout fermier à prix d'argent ou de denrées qui, par bail authentique d'une durée de neuf ans au moins, exploite par lui-même une ou plusieurs propriétés rurales, a droit de se prévaloir du tiers des contributions payées par lesdites propriétés, sans que ce tiers soit retranché au cens électoral du propriétaire.

Dans les départemens où le domaine congéable est usité, il sera procédé de la manière suivante pour la répartition de l'impôt entre le propriétaire foncier et le colon.

1° Dans les *tenues* composées uniquement de maisons ou usines, les six huitièmes de l'impôt seront comptés au colon, et deux huitièmes au propriétaire foncier;

2° Dans les *tenues* composées d'édifices et de terres labourables ou prairies, et formant ainsi un corps d'exploitation rurale, cinq huitièmes compteront au propriétaire et trois huitièmes au colon;

3° Enfin, dans les *tenues* sans édifices dites *tenues sans étage*, six huitièmes seront comptés au propriétaire et deux huitièmes seulement au colon, sauf, dans tous les cas, la faculté aux parties intéressées de demander une expertise aux frais de celle qui la requerra.

TITRE II.

Du Domicile politique.

Art. 10.

Le domicile politique de tout Français est dans l'arrondissement électoral où il a son domicile réel; néanmoins il pourra le transférer dans tout autre arrondissement électoral où il paie une contribution directe, à la charge d'en faire, six mois d'avance, une déclaration expresse au greffe du tribunal civil de l'arrondissement électoral où il aura son domicile politique actuel, et au greffe du tribunal civil de l'arrondissement électoral où il voudra le transférer : cette double déclaration sera soumise à l'enregistrement. Dans le cas où un électeur aura séparé son domicile politique de son domicile réel, la translation de son domicile réel n'emportera pas le changement de son domicile politique, et ne le dispensera pas des déclarations ci-dessus prescrites, s'il veut le réunir à son domicile réel (1).

Art. 11.

Nul individu appelé à des fonctions publiques, temporaires ou révocables, n'est dispensé de la susdite formalité; les individus appelés à des fonctions inamovibles pourront exercer leur droit électoral dans l'arrondissement où ils remplissent leurs fonctions.

Art. 12.

Nul ne peut exercer le droit d'électeur dans deux arrondissemens électoraux.

---

(1) Ces déclarations doivent être faites avant le 21 avril, afin d'être valables pour la formation de la liste qui est publiée le 15 août et close le 21 octobre suivant.

TITRE III.

Des Listes électorales.

Art. 13.

La liste des électeurs dont le droit dérive de leurs contributions, et la liste des électeurs appelés en vertu de l'article 3, sont permanentes, sauf les radiations et inscriptions qui peuvent avoir lieu lors de la révision annuelle.

Cette révision annuelle sera faite conformément aux dispositions suivantes.

Art. 14.

Du 1er au 10 juin de chaque année, et aux jours qui seront indiqués par les sous-préfets, les maires des communes composant chaque canton, se réuniront à la mairie du chef-lieu sous la présidence du maire, et procéderont à la révision de la portion des listes mentionnées à l'article précédent qui comprendra les électeurs de leur canton appelés à faire partie de ces listes. Ils se feront assister des percepteurs du canton.

Art. 15.

Dans les villes qui forment à elles seules un canton, ou qui sont partagées en plusieurs cantons, la révision des listes sera faite par le maire et les trois plus anciens membres du conseil municipal, selon l'ordre du tableau. Les maires des communes qui dépendraient de l'un de ces cantons, prendront part également à cette révision sous la présidence du maire de la ville.

A Paris, les maires des douze arrondissemens, assistés des percepteurs, procéderont à la révision sous la présidence du doyen de réception.

Art. 16.

Le résultat de cette opération sera transmis au sous-préfet, qui, avant le 1er juillet, l'adressera avec ses observations au préfet du département.

Art. 17.

A partir du 1er juillet, le préfet procédera à la révision générale des listes.

Art. 18.

Le préfet ajoutera aux listes les citoyens qu'il reconnaîtra avoir acquis les qualités requises par la loi, et ceux qui auraient été précédemment omis.

Il en retranchera,

1° Les individus décédés ;

2° Ceux dont l'inscription aura été déclarée nulle par les autorités compétentes.

Il indiquera comme devant être retranchés,

1° Ceux qui auront perdu les qualités requises ;

2° Ceux qu'il reconnaîtrait avoir été indûment inscrits, quoique leur inscription n'ait point été attaquée.

Il tiendra un registre de toutes ces décisions.

Il fera mention de leurs motifs et de toutes les pièces à l'appui.

Art. 19.

Les listes de l'arrondissement électoral, ainsi rectifiées par le préfet, seront affichées le

15 août au chef-lieu de chaque canton et dans les communes dont la population sera au moins de six cents habitans. Elles seront déposées, 1° au secrétariat de la mairie de chacune de ces communes; 2° au secrétariat de la préfecture, pour être données en communication à toutes les personnes qui le requerront.

La liste des contribuables électeurs contiendra, en regard du nom de chaque individu inscrit, la date de sa naissance et l'indication des arrondissemens de perception où sont assises ses contributions propres ou délégués, ainsi que la quotité et l'espèce des contributions pour chacun des arrondissemens.

La liste des électeurs désignés par l'article 3 contiendra en outre, en regard du nom de chaque individu, la date et l'espèce du titre qui lui confère le droit électoral, et l'époque de son domicile réel.

Le préfet inscrira sur cette liste ceux des individus qui, n'ayant pas atteint, au 15 août, les conditions relatives à l'âge, au domicile et à l'inscription sur le rôle de la patente, les acquerront avant le 21 octobre, époque de la clôture de la révision annuelle.

Art. 20.

S'il y a moins de cent cinquante électeurs inscrits, le préfet ajoutera, sur la liste qu'il publiera le 15 août, les citoyens payant moins de deux cents francs qui devront compléter le nombre de cent cinquante, conformément au paragraphe 1er de l'article 2.

Toutes les fois que le nombre des électeurs ne s'élèvera pas au-delà de cent cinquante, le préfet publiera, à la suite de la liste électorale, une liste complémentaire dressée dans la même forme, et contenant les noms des dix citoyens susceptibles d'être appelés à compléter le nombre de cent cinquante, par suite des changemens qui surviendraient ultérieurement dans la composition du collége, dans les cas prévus par les articles 30, 32 et 35.

Art. 21.

La publication prescrite par les articles 19 et 20 tiendra lieu de notification des décisions intervenues aux individus dont l'inscription aura été ordonnée.

Les décisions provisoires du préfet, qui indiquent ceux dont le nom devrait être retranché, comme ayant été indûment inscrits ou comme ayant perdu les qualités requises, seront notifiées dans les dix jours à ceux qu'elles concernent, ou au domicile qu'ils sont tenus d'élire dans le département pour l'exercice de leurs droits électoraux, s'ils n'y ont pas leur domicile réel, et, à défaut de domicile élu, à la mairie de leur domicile politique.

Cette notification, et toutes celles qui doivent avoir lieu aux termes de la présente Loi, seront faites suivant le mode employé jusqu'à présent pour les jurés, en exécution de l'article 389 du Code d'instruction criminelle.

Art. 22.

Après la publication de la liste rectifiée, il ne pourra plus y être fait de changemens qu'en vertu de décisions rendues par le préfet en conseil de préfecture, dans les formes ci-après.

Art. 23.

A compter du 15 août, jour de la publication, il sera ouvert, au secrétariat général de la préfecture, un registre coté et paraphé par le préfet, sur lequel seront inscrites, à la date de leur présentation et suivant un ordre de numéros, toutes les réclamations concernant la teneur des listes. Ces réclamations seront signées par le réclamant ou par son fondé de pouvoirs.

Le préfet donnera récépissé de chaque réclamation et des pièces à l'appui. Ce récépissé énoncera la date et le numéro de l'enregistrement.

ART. 24.

Tout individu qui croirait avoir à se plaindre, soit d'avoir été indûment inscrit, omis ou rayé, soit de toute autre erreur commise à son égard dans la rédaction des listes, pourra, jusqu'au 30 septembre inclusivement, présenter sa réclamation, qui devra être accompagnée de pièces justificatives (1).

ART. 25.

Dans le même délai, tout individu inscrit sur les listes d'un arrondissement électoral pourra réclamer l'inscription de tout citoyen qui n'y sera pas porté quoique réunissant les conditions nécessaires, la radiation de tout individu qu'il prétendrait indûment inscrit, ou la rectification de toute autre erreur commise dans la rédaction des listes.

Ce même droit appartiendra à tout citoyen inscrit sur la liste des jurés non électeurs de l'arrondissement.

ART. 26.

Aucune des demandes énoncées en l'article précédent ne sera reçue, lorsqu'elle sera formée par des tiers, qu'autant que le réclamant y joindra la preuve qu'elle a été par lui notifiée à la partie intéressée, laquelle aura dix jours pour y répondre, à partir de celui de la notification.

ART. 27.

Le préfet statuera en conseil de préfecture sur les demandes dont il est fait mention aux articles 24 et 25 ci-dessus, dans les cinq jours qui suivront leur réception, quand elles seront formées par les parties elles-mêmes ou par leurs fondés de pouvoirs, et dans les cinq jours qui suivront l'expiration du délai fixé par l'article 26, si elles sont formées par des tiers. Ses décisions seront motivées.

La communication, sans déplacement, des pièces respectivement produites sur les questions et contestations, devra être donnée à toute partie intéressée qui la requerra.

ART. 28.

Les articles 23, 24, 25, 26 et 27 ci-dessus sont applicables à la liste supplémentaire prescrite par le dernier paragraphe de l'article 20.

ART. 29.

Il sera publié tous les quinze jours un tableau de rectification, conformément aux décisions rendues dans cet intervalle, et présentant les indications mentionnées en l'article 19.

Aux termes de l'article 21, la publication de ces tableaux de rectification tiendra lieu de notification aux individus dont l'inscription aura été ordonnée ou rectifiée.

Les décisions portant refus d'inscription, ou prononçant des radiations, seront notifiées dans les cinq jours de leur date aux individus dont l'inscription ou la radiation aura été réclamée par eux ou par des tiers.

Les décisions rejetant les demandes en radiation ou en rectification seront notifiées dans le même délai, tant au réclamant qu'à l'individu dont l'inscription aura été contestée.

---

(1) Les pièces justificatives à produire sont en général,

1° L'acte de naissance;

2° L'extrait ou les extraits de rôles revêtus du certificat du maire;

3° Les actes de propriété, si les contributions ne sont pas imposées au nom du réclamant;

4° L'acte de délégation, s'il y a lieu.

ART. 30.

Le préfet en conseil de préfecture apportera, s'il y a lieu, à la liste électorale, en dressant les tableaux de rectification, les changemens nécessaires pour maintenir le collége au complet de cent cinquante électeurs. Il maintiendra également la liste supplémentaire au nombre de dix suppléans.

ART. 31.

Le 16 octobre, le préfet procédera à la clôture des listes. Le dernier tableau de rectification, l'arrêté de clôture des listes des colléges électoraux du département, seront publiés et affichés le 20 du même mois.

ART. 32.

La liste restera, jusqu'au 20 octobre de l'année suivante, telle qu'elle aura été arrêtée conformément à l'article précédent, sauf néanmoins les changemens qui y seront ordonnés par des arrêts rendus dans la forme déterminée par les articles ci-après, et sauf aussi la radiation des noms des électeurs décédés, ou privés des droits civils ou politiques par jugemens ayant acquis force de chose jugée.

L'élection, à quelque époque de l'année qu'elle ait lieu, se fera sur ces listes.

ART. 33.

Toute partie qui se croira fondée à contester une décision rendue par le préfet, pourra porter son action devant la cour royale du ressort, et y produire toutes pièces à l'appui.

L'exploit introductif d'instance devra, sous peine de nullité, être notifié dans les dix jours, quelle que soit la distance des lieux, tant au préfet qu'aux parties intéressées.

Dans le cas où la décision du préfet aurait rejeté une demande d'inscription formée par un tiers, l'action ne pourra être intentée que par l'individu dont l'inscription aurait été réclamée.

La cause sera jugée sommairement, toutes affaires cessantes, et sans qu'il soit besoin du ministère d'avoué. Les actes judiciaires auxquels elle donnera lieu seront enregistrés *gratis*. L'affaire sera rapportée en audience publique par un des membres de la cour, et l'arrêt sera prononcé après que la partie ou son défenseur et le ministère public auront été entendus.

S'il y a pourvoi en cassation, il sera procédé sommairement, et toutes affaires cessantes, comme devant la cour royale, avec la même exemption du droit d'enregistrement, sans consignation d'amende.

ART. 34.

Les réclamations portées devant les préfets en conseil de préfecture, et les actions intentées devant les cours royales par suite d'une décision qui aura rayé un individu de la liste, auront un effet suspensif.

ART. 35.

Le préfet, sur la notification de l'arrêt intervenu, fera sur la liste la rectification qui aura été prescrite.

Si, par suite de la radiation prescrite par arrêt de la cour royale, la liste se trouve réduite à moins de cent cinquante, le préfet en conseil de préfecture complétera ce nombre, en prenant les plus imposés de la liste supplémentaire arrêtée le 16 octobre, et seulement jusqu'à épuisement de cette liste.

ART. 36.

Les percepteurs des contributions directes seront tenus de délivrer sur papier libre, et moyennant une rétribution de vingt-cinq centimes par extrait de rôle concernant le même contribuable, à toute personne portée au rôle, l'extrait relatif à ses contributions, et à tout individu qualifié comme il est dit à l'article 25 ci-dessus, tout certificat négatif ou tout extrait des rôles de contributions.

ART. 37.

Il sera donné communication des listes annuelles et des tableaux de rectification à tous les imprimeurs qui voudront en prendre copie. Il leur sera permis de les faire imprimer sous tel format qu'il leur plaira choisir, et de les mettre en vente.

TITRE IV.

Des Colléges électoraux.

ART. 38.

La Chambre des Députés est composée de quatre cent cinquante-neuf députés.

ART. 39.

Chaque collége électoral n'élit qu'un député.

Le nombre des députés de chaque département et la division des départemens en arrondissemens électoraux sont réglés par le tableau ci-joint, faisant partie de la présente Loi.

ART. 40.

Les colléges électoraux sont convoqués par le Roi. Ils se réunissent dans la ville de l'arrondissement électoral ou administratif que le Roi désigne. Ils ne peuvent s'occuper d'autres objets que de l'élection des députés; toute discussion, toute délibération leur sont interdites.

ART. 41.

Les électeurs se réunissent en une seule assemblée dans les arrondissemens électoraux où leur nombre n'excède pas six cents.

Dans les arrondissemens où il y a plus de six cents électeurs, le collége est divisé en sections; chaque section comprend trois cents électeurs au moins, et concourt directement à la nomination du député que le collége doit élire.

ART. 42.

Les présidens, vice-présidens, juges et juges suppléans des tribunaux de première instance, dans l'ordre du tableau, auront la présidence provisoire des colléges électoraux, lorsque ces colléges s'assembleront dans une ville chef-lieu d'un tribunal. Lorsqu'ils s'assembleront dans une autre ville, comme dans le cas où, attendu le nombre des colléges ou des sections, celui des juges serait insuffisant, la présidence provisoire sera, à leur défaut, déférée au maire, à ses adjoints, et successivement aux conseillers municipaux de la ville où se fait l'élection, aussi dans l'ordre du tableau.

Si le collége se divise en sections, la première sera présidée provisoirement par le premier des fonctionnaires dans l'ordre du tableau; la seconde le sera par celui qui vient après, et successivement.

Si plusieurs colléges se réunissent dans la même ville, leur présidence provisoire sera déférée de la même manière et dans le même ordre que le serait celle des sections.

Si plusieurs colléges réunis dans la même ville se subdivisent en sections, la première du premier collége sera provisoirement présidée par le fonctionnaire le plus élevé ou le plus ancien dans l'ordre du tableau; la première section du second collége le sera par le deuxième;

la seconde section du premier collége par le troisième; la seconde section du deuxième collége par le quatrième, et ainsi des autres.

Les deux électeurs les plus âgés et les deux plus jeunes inscrits sur la liste du collége ou de la section sont scrutateurs provisoires. Le bureau choisit le secrétaire, qui n'a que voix consultative.

ART. 43.

La liste des électeurs de l'arrondissement doit rester affichée dans la salle des séances pendant le cours des opérations.

ART. 44.

Le collége ou la section élit à la majorité simple le président et les scrutateurs définitifs. Le bureau ainsi formé nomme un secrétaire, qui n'a que voix consultative.

ART. 45.

Le président du collége ou de la section a seul la police de l'assemblée. Nulle force armée ne peut être placée, sans sa réquisition, dans la salle des séances, ni aux abords du lieu où se tient l'assemblée. Les autorités civiles et les commandans militaires sont tenus d'obéir à ses réquisitions.

Trois membres au moins du bureau seront toujours présens.

Le bureau prononce provisoirement sur les difficultés qui s'élèvent touchant les opérations du collége ou de la section.

Toutes les réclamations sont insérées au procès-verbal, ainsi que les décisions motivées du bureau. Les pièces ou bulletins relatifs aux réclamations sont paraphés par les membres du bureau et annexés au procès-verbal.

La Chambre des Députés prononce définitivement sur les réclamations.

ART. 46.

Nul ne pourra être admis à voter, soit pour la formation du bureau définitif, soit pour l'élection du député, s'il n'est inscrit sur la liste affichée dans la salle et remise au président.

Toutefois le bureau sera tenu d'admettre à voter ceux qui se présenteraient munis d'un arrêt de la cour royale déclarant qu'ils font partie du collége, et ceux qui justifieraient être dans le cas prévu par l'article 34 de la présente Loi.

ART. 47.

Avant de voter pour la première fois, chaque électeur prête le serment prescrit par la Loi du 31 août 1830.

ART. 48.

Chaque électeur, après avoir été appelé, reçoit du président un bulletin ouvert, sur lequel il écrit ou fait écrire secrètement son vote par un électeur de son choix, sur une table disposée à cet effet et séparée du bureau.

Puis il remet son bulletin écrit et fermé au président qui le dépose dans la boite destinée à cet usage.

ART. 49.

La table placée devant le président et les scrutateurs sera disposée de telle sorte, que les électeurs puissent circuler alentour pendant le dépouillement du scrutin.

ART. 50.

A mesure que chaque électeur déposera son bulletin, un des scrutateurs ou le secrétaire constatera ce vote en écrivant son propre nom en regard de celui du votant, sur une liste à ce destinée, et qui contiendra les noms et qualifications de tous les membres du collége ou de la section.

Chaque scrutin reste ouvert pendant six heures au moins, et est clos à trois heures du soir, et dépouillé séance tenante.

ART. 51.

Lorsque la boîte du scrutin aura été ouverte et le nombre des bulletins vérifié, un des scrutateurs prendra successivement chaque bulletin, le dépliera, le remettra au président, qui en fera lecture à haute voix et le passera à un autre scrutateur : le résultat de chaque scrutin est immédiatement rendu public.

ART. 52.

Immédiatement après le dépouillement, les bulletins seront brûlés en présence du collége.

ART. 53.

Dans les colléges divisés en plusieurs sections, le dépouillement du scrutin se fait dans chaque section ; le résultat en est arrêté et signé par le bureau ; il est immédiatement porté par le président de chaque section au bureau de la première section, qui fait, en présence de tous les présidens des sections, le recensement général des votes.

ART. 54.

Nul n'est élu à l'un des deux premiers tours de scrutin s'il ne réunit plus du tiers des voix de la totalité des membres qui composent le collége, et plus de la moitié des suffrages exprimés.

ART. 55.

Après les deux premiers tours de scrutin, si l'élection n'est point faite, le bureau proclame les noms des deux candidats qui ont obtenu le plus de suffrages ; et, au troisième tour de scrutin, les suffrages ne pourront être valablement donnés qu'à l'un de ces deux candidats.

La nomination a lieu à la pluralité des votes exprimés.

ART. 56.

Dans tous les cas où il y aura concours par égalité de suffrages, le plus âgé obtiendra la préférence.

ART. 57.

La session de chaque collége est de dix jours au plus. Il ne peut y avoir qu'une séance et un seul scrutin par jour. La séance est levée immédiatement après le dépouillement du scrutin, sauf les décisions à porter par le bureau sur les réclamations qui lui sont présentées au sujet de ce dépouillement, et sur lesquelles il sera statué séance tenante.

ART. 58.

Nul électeur ne peut se présenter armé dans un collége électoral.

TITRE V.

Des Eligibles.

ART. 59.

Nul ne sera éligible à la Chambre des Députés, si, au jour de son élection, il n'est âgé de trente ans, et s'il ne paie cinq cents francs de contributions directes, sauf le cas prévu par l'article 33 de la Charte. Les dispositions de l'article 7 sont applicables au cens d'éligibilité.

ART. 60.

Les délégations et attributions de contributions, autorisées pour les droits électoraux par les articles 4, 5, 6, 8 et 9, le sont également pour le droit d'éligibilité.

ART. 61.

La Chambre des Députés est seule juge des conditions d'éligibilité.

ART. 62.

Lorsque des arrondissemens électoraux ont élu des députés qui n'ont pas leur domicile politique dans le département, en nombre plus grand que ne l'autorise l'article 36 de la Charte, la Chambre des Députés tire au sort, entre ces arrondissemens, celui ou ceux qui doivent procéder à une réélection.

ART. 63.

Le député élu par plusieurs arrondissemens électoraux sera tenu de déclarer son option à la Chambre dans le mois qui suivra la déclaration de la validité des élections entre lesquelles il doit opter. A défaut d'option dans ce délai, il sera décidé, par la voie du sort, à quel arrondissement ce député appartiendra.

ART. 64.

Il y a incompatibilité entre les fonctions de député et celles de préfet, sous-préfet, de receveurs généraux, de receveurs particuliers des finances et de payeurs.

Les fonctionnaires ci-dessus désignés, les officiers généraux commandant les divisions ou subdivisions militaires, les procureurs généraux près les cours royales, les procureurs du Roi, les directeurs des contributions directes et indirectes, des domaines et enregistrement et des douanes dans les départemens, ne pourront être élus députés par le collége électoral d'un arrondissement compris en tout ou en partie dans le ressort de leurs fonctions.

Si, par démission ou autrement, les fonctionnaires ci-dessus quittaient leur emploi, ils ne seraient éligibles dans les départemens, arrondissemens ou ressorts dans lesquels ils ont exercé leurs fonctions, qu'après un délai de six mois, à dater du jour de la cessation des fonctions.

TITRE VI.

Dispositions générales.

ART. 65.

En cas de vacances par option, décès, démission ou autrement, le collége électoral qui doit pourvoir à la vacance sera réuni dans le délai de quarante jours. Ce délai sera de deux mois pour le département de la Corse.

En cas d'élection, soit générale, soit partielle, l'intervalle entre la réception de l'ordonnance de convocation du collége au chef-lieu du département et l'ouverture du collége, sera de vingt jours au moins.

ART. 66.

La Chambre des Députés a seule le droit de recevoir la démission d'un de ses membres.

ART. 67.

Les députés ne reçoivent ni traitement ni indemnité.

ART. 68.

Les dispositions de la présente Loi sont applicables à la révision de la liste des jurés non électeurs, établie par les articles 1er et 2 de la Loi du 2 mai 1827.

ART. 69.

Il sera formé, pour chaque arrondissement électoral, une liste des jurés non électeurs qui ont leur domicile réel dans cet arrondissement.

Le droit d'intervention des tiers relativement à cette liste appartient à tous les électeurs et à tous les jurés de l'arrondissement.

TITRE VII.

Articles transitoires.

ART. 70.

Dans le cas où des élections, soit générales, soit partielles, auraient lieu avant le 21 octobre 1831, l'ordonnance de convocation des colléges sera publiée dans chaque arrondissement électoral au moins quinze jours avant celui qui sera fixé pour l'élection.

Dans le délai de quinze jours, à compter de la promulgation de la présente Loi, l'inscription des citoyens qui auront acquis le droit électoral, soit en vertu de la législation antérieure, soit en vertu des dispositions de la présente Loi, pourra être requise, soit par eux, soit par des tiers, conformément aux articles 24, 25 et 26.

Pendant cet espace de temps, le registre prescrit par l'article 23 sera ouvert, et les réquisitions prévues par le précédent paragraphe y seront inscrites.

Après l'expiration dudit délai de quinze jours, ces réquisitions ne seront plus admises.

En cas d'élections, soit générales, soit partielles, avant le 21 octobre 1831, les contributions foncière, personnelle, mobilière et des portes et fenêtres, ne seront comptées, soit pour être électeur, soit pour être éligible, que lorsque la propriété foncière aura été possédée, ou la location faite, antérieurement à la promulgation de la présente Loi.

Cette disposition n'est pas applicable aux possesseurs à titre successif.

La patente ou le diplôme universitaire ne seront comptés que lorsqu'ils auront été pris un an avant la promulgation de la présente Loi. Cette disposition n'est pas applicable aux citoyens qui, ayant pris une patente avant le 1er août 1830, ont été inscrits en vertu de la Loi du 12 septembre dernier sur les listes supplémentaires formées depuis cette époque.

ART. 71.

Le préfet, en conseil de préfecture, dressera d'office, ou d'après les réclamations des intéressés ou des tiers, une liste additionnelle contenant les noms des citoyens qui auront acquis le droit électoral.

Cette liste sera affichée vingt-cinq jours au plus tard après la promulgation de la présente Loi.

ART. 72.

Les décisions, portant refus d'inscription, seront signifiées aux parties par le préfet, dans les cinq jours pour tout délai, après le jour où elles auront été rendues.

ART. 73.

Les réclamations qui pourront être dirigées, soit par des tiers contre les inscriptions, soit par les parties contre les refus d'inscription, seront formées, à peine de déchéance, le trente-cinquième jour au plus tard après la promulgation de la présente Loi.

L'assignation sera donnée devant la cour à huitaine pour tout délai, quelle que soit la distance des lieux.

Ce délai expiré, la cour prononcera toutes affaires cessantes. Son arrêt, s'il est par défaut, ne sera pas susceptible d'opposition.

Art. 74.

Il ne sera fait de changemens à la liste additionnelle mentionnée dans l'article 71, qu'en exécution d'arrêts rendus par les cours royales.

Art. 75.

Il ne sera fait de changemens à la liste arrêtée le 16 novembre dernier, et affichée le 20 du même mois, que dans les cas prévus par l'article 32 de la présente Loi.

Il sera procédé à l'élection sur cette liste et sur la liste additionnelle prescrite par les articles précédens.

Art. 76.

Tout électeur ayant son domicile dans un arrondissement qui, d'après la présente Loi, se trouverait divisé en plusieurs arrondissemens électoraux, pourra opter entre ces arrondissemens, s'il paie des contributions dans l'un et dans l'autre. L'option devra être faite dans le délai de quinze jours, à dater de la promulgation de la présente Loi, et dans la forme déterminée par l'article 10. A défaut d'option dans le délai ci-dessus fixé, l'électeur appartiendra à l'arrondissement électoral dans lequel sera compris le canton où il a maintenant son domicile politique. Si l'électeur ne paie de contributions que dans un des deux arrondissemens électoraux, il appartiendra à cet arrondissement et ne pourra faire d'option.

L'électeur dont le domicile politique, au moment de la promulgation de la présente Loi, serait différent de son domicile réel, aura le même délai de quinze jours pour faire son option. A défaut par lui de la faire dans ledit délai, il continuera d'appartenir à l'arrondissement électoral dans lequel il exerçait ses droits.

Art. 77.

Les fonctionnaires désignés dans l'article 64 qui cesseront leurs fonctions par démission ou autrement dans le délai de quinze jours, à dater de la promulgation de la présente Loi, seront éligibles dans les départemens, arrondissemens ou ressorts dans lesquels ils exercent leurs fonctions, pour les élections qui pourraient avoir lieu avant le 21 octobre 1831.

Art. 78.

Si, avant qu'il n'ait été procédé à des élections générales, il y a lieu de remplacer un député élu par un collége départemental, la Chambre des Députés déterminera, par la voie du sort, le collége d'arrondissement qui devra procéder à l'élection.

S'il y a lieu de remplacer un député élu par le collége d'un arrondissement électoral dont la circonscription aurait été modifiée par la présente Loi, la Chambre des Députés déterminera de la même manière celui des arrondissemens compris dans l'ancien ressort qui devra procéder au remplacement.

Art. 79.

Dans le cas où des élections, soit générales, soit partielles, auraient lieu avant le 21 octobre de la présente année, les listes électorales seront dressées d'après les rôles des contributions directes pour l'année 1830, et nulles contributions autres que celles de ladite année ne seront comptées pour le cens électoral.

La présente Loi, ~~discutée~~, délibérée et adoptée par la Chambre des Pairs et par celle des Députés, et sanctionnée par nous cejourd'hui, sera exécutée comme loi de l'État.

LOI

Du 22 Juin 1833,

Sur l'Organisation des Conseils généraux de département et des Conseils d'arrondissement.

TITRE Ier.

Formation des Conseils généraux.

Article 1er.

Il y a dans chaque département un conseil général.

Art. 2.

Le conseil général est composé d'autant de membres qu'il y a de cantons dans le département, sans pouvoir toutefois excéder le nombre trente.

Art. 3.

Un membre du conseil général est élu, dans chaque canton, par une assemblée électorale composée des électeurs et des citoyens portés sur la liste du jury : si leur nombre est au-dessous de cinquante, le complément sera formé par l'appel des citoyens les plus imposés (1).

Dans les départemens qui ont plus de trente cantons, des réunions de cantons seront opérées conformément au tableau ci-annexé, de telle sorte que le département soit divisé en trente circonscriptions électorales.

Les électeurs, les citoyens inscrits sur la liste du jury, et les plus imposés portés sur la liste complémentaire dans chacun des cantons réunis, formeront une seule assemblée électorale.

Art. 4.

Nul ne sera éligible au conseil général de département, s'il ne jouit des droits civils et politiques; si, au jour de son élection, il n'est âgé de vingt-cinq ans, et s'il ne paie, depuis un an au moins (2), deux cents francs de contributions directes dans le département.

Toutefois, si, dans un arrondissement de sous-préfecture, le nombre des éligibles n'est pas sextuple du nombre des conseillers de département qui doivent être élus par les cantons ou circonscriptions électorales de cet arrondissement, le complément sera formé par les plus imposés.

(1) Le cens des électeurs complémentaires ou plus imposés doit être exclusivement formé de contributions payées dans le canton. Ils doivent être âgés de vingt-cinq ans, au moins, au 21 octobre suivant.

(2) Suivant la signification donnée constamment aux dispositions législatives en matière électorale, cela veut dire que l'éligible doit, depuis un an accompli au moment de son élection, posséder la propriété, avoir fait la location, pris la patente et exercé l'industrie, à raison desquelles il paie la quotité d'impôts déterminée par la Loi.

Sont dispensés de la possession annale les propriétaires de biens acquis à titre successif ou en avancement d'hoirie.

Art. 5.

Ne pourront être nommés membres des conseils généraux,

1° Les préfets, sous-préfets, secrétaires généraux et conseillers de préfecture;

2° Les agens et comptables employés à la recette, à la perception ou au recouvrement des contributions, et au paiement des dépenses publiques de toute nature;

3° Les ingénieurs des ponts et chaussées et les architectes actuellement employés par l'administration dans le département;

4° Les agens forestiers en fonctions dans le département et les employés des bureaux des préfectures et sous-préfectures.

Art. 6.

Nul ne peut être membre de plusieurs conseils généraux.

Art. 7.

Lorsqu'un membre du conseil général aura manqué à deux sessions consécutives sans excuses légitimes ou empêchement admis par le conseil, il sera considéré comme démissionnaire, et il sera procédé à une nouvelle élection, conformément à l'article 11.

Art. 8.

Les membres des conseils généraux sont nommés pour *neuf* ans; ils sont renouvelés par *tiers* tous les *trois* ans, et sont indéfiniment rééligibles.

A la session qui suivra la première élection des conseils généraux, le conseil général divisera les cantons ou circonscriptions électorales du département en trois séries, en répartissant, autant qu'il sera possible, dans une proportion égale, les cantons ou circonscriptions électorales de chaque arrondissement dans chacune des séries. Il sera procédé à un tirage au sort pour régler l'ordre de renouvellement entre les séries. Ce tirage se fera par le préfet en conseil de préfecture et en séance publique.

Art. 9.

La dissolution d'un conseil général peut être prononcée par le Roi; en ce cas, il est procédé à une nouvelle élection avant la session annuelle, et au plus tard dans le délai de trois mois à dater du jour de la dissolution.

Art. 10.

Le conseiller de département élu dans plusieurs cantons ou circonscriptions électorales sera tenu de déclarer son option au préfet dans le mois qui suivra les élections entre lesquelles il doit opter. A défaut d'option dans ce délai, le préfet, en conseil de préfecture et en séance publique, décidera par la voie du sort à quel canton ou circonscription électorale le conseiller appartiendra.

Il sera procédé de la même manière lorsqu'un citoyen aura été élu à la fois membre du conseil général et membre d'un ou plusieurs conseils d'arrondissement.

Art. 11.

En cas de vacance par option, décès, démission, perte des droits civils ou politiques, l'assemblée électorale qui doit pourvoir à la vacance sera réunie dans le délai de deux mois.

TITRE II.

Règles de la Session des Conseils généraux.

Art. 12.

Un conseil général ne peut se réunir s'il n'a été convoqué par le préfet en vertu d'une ordonnance du Roi, qui détermine l'époque et la durée de la session.

Au jour indiqué pour la réunion du conseil général, le préfet donnera lecture de l'ordonnance de convocation, recevra le serment des conseillers nouvellement élus, et déclarera au nom du Roi que la session est ouverte.

Les membres nouvellement élus qui n'ont pas assisté à l'ouverture de la session, ne prennent séance qu'après avoir prêté serment entre les mains du président du conseil général.

Le conseil, formé sous la présidence du doyen d'âge, le plus jeune faisant les fonctions de secrétaire, nommera, au scrutin et à la majorité absolue des voix, son président et son secrétaire.

Le préfet a entrée au conseil général; il est entendu quand il le demande, et assiste aux délibérations, excepté lorsqu'il s'agit de l'apurement de ses comptes.

Art. 13.

Les séances du conseil général ne sont pas publiques; il ne peut délibérer que si la moitié plus un des conseillers sont présens; les votes sont recueillis au scrutin secret toutes les fois que *quatre* des conseillers présens le réclament.

Art. 14.

Tout acte ou toute délibération d'un conseil général relatifs à des objets qui ne sont pas légalement compris dans ses attributions, sont nuls et de nul effet. La nullité sera prononcée par une ordonnance du Roi.

Art. 15.

Toute délibération prise hors de la réunion légale du conseil général, est nulle de droit.

Le préfet, par un arrêté pris en conseil de préfecture, déclare la réunion illégale, prononce la nullité des actes, prend toutes les mesures nécessaires pour que l'assemblée se sépare immédiatement, et transmet son arrêté au procureur général du ressort, pour l'exécution des lois et l'application, s'il y a lieu, des peines déterminées par l'article 258 du Code pénal. En cas de condamnation, les membres condamnés sont exclus du conseil et inéligibles aux conseils de département et d'arrondissement pendant les trois années qui suivront la condamnation.

Art. 16.

Il est interdit à tout conseil général de se mettre en correspondance avec un ou plusieurs conseils d'arrondissement ou de département.

En cas d'infraction à cette disposition, le conseil général sera suspendu par le préfet, en attendant que le Roi ait statué.

Art. 17.

Il est interdit à tout conseil général de faire ou de publier aucune proclamation ou adresse.

En cas d'infraction à cette disposition, le préfet déclarera par arrêté que la session du conseil général est suspendue : il sera statué définitivement par ordonnance royale.

ART. 18.

Dans les cas prévus par les deux articles précédens, le préfet transmettra son arrêté au procureur général du ressort, pour l'exécution des lois et l'application, s'il y a lieu, des peines déterminées par l'article 123 du Code pénal.

ART. 19.

Tout éditeur, imprimeur, journaliste ou autre, qui rendra publics les actes interdits au conseil général par les articles 15, 16 et 17, sera passible des peines portées par l'article 123 du Code pénal.

TITRE III.

Des Conseils d'arrondissement.

ART. 20.

Il y aura, dans chaque arrondissement de sous-préfecture, un conseil d'arrondissement composé d'autant de membres que l'arrondissement a de cantons, sans que le nombre des conseillers puisse être au-dessous de neuf.

ART. 21.

Si le nombre des cantons d'un arrondissement est inférieur à neuf, une ordonnance royale répartira entre les cantons les plus peuplés le nombre de conseillers d'arrondissement à élire pour complément.

ART. 22.

Les conseillers d'arrondissement sont élus dans chaque canton par l'assemblée électorale, composée conformément au premier paragraphe de l'article 3.

Dans les départemens où, conformément au deuxième paragraphe du même article 3, des cantons ont été réunis, les membres de cette assemblée électorale sont convoqués séparément dans leurs cantons respectifs pour élire les conseillers d'arrondissement.

ART. 23.

Les membres des conseils d'arrondissement peuvent être choisis parmi tous les citoyens âgés de vingt-cinq ans accomplis, jouissant des droits civils et politiques, payant dans le département, depuis un an au moins (1), cent cinquante francs de contributions directes, dont le tiers dans l'arrondissement, et qui ont leur domicile réel ou politique dans le département. Si le nombre des éligibles n'est pas sextuple du nombre des membres du conseil d'arrondissement, le complément sera formé par les plus imposés. Les incompatibilités prononcées par l'article 5 sont applicables aux conseillers d'arrondissement.

ART. 24.

Nul ne peut être membre de plusieurs conseils d'arrondissement, ni d'un conseil d'arrondissement et d'un conseil général.

---

(1) Suivant la signification donnée constamment aux dispositions législatives en matière électorale, cela veut dire que l'éligible doit, depuis un an accompli au moment de son élection, posséder la propriété, avoir fait la location, pris la patente et exercé l'industrie à raison desquelles il paie la quotité d'impôts déterminée par la Loi.

Sont dispensés de la possession annale les propriétaires de biens acquis à titre successif ou en avancement d'hoirie.

ART. 25.

Les membres des conseils d'arrondissement sont élus pour six ans. Ils sont renouvelés par moitié tous les trois ans. A la session qui suivra la première élection, le conseil général divisera en deux séries les cantons de chaque arrondissement. Il sera procédé à un tirage au sort pour régler l'ordre de renouvellement entre les deux séries. Ce tirage se fera par le préfet en conseil de préfecture et en séance publique.

ART. 26.

Les articles 7, 9, 10, 11 de la présente Loi sont applicables aux conseils d'arrondissement.

TITRE IV.

Règles pour la Session des Conseils d'arrondissement.

ART. 27.

Les conseils d'arrondissement ne pourront se réunir s'ils n'ont été convoqués par le préfet, en vertu d'une ordonnance du Roi, qui détermine l'époque et la durée de la session.

Au jour indiqué pour la réunion d'un conseil d'arrondissement, le sous-préfet donne lecture de l'ordonnance du Roi, reçoit le serment des conseillers nouvellement élus, et déclare, au nom du Roi, que la session est ouverte.

Les membres nouvellement élus qui n'ont point assisté à l'ouverture de la session, ne prennent séance qu'après avoir prêté serment entre les mains du président du conseil d'arrondissement.

Le conseil, formé sous la présidence du doyen d'âge, le plus jeune faisant les fonctions de secrétaire, nommera, au scrutin et à la majorité absolue des voix, son président et son secrétaire.

Le sous-préfet a entrée dans le conseil d'arrondissement; il est entendu quand il le demande, et assiste aux délibérations.

ART. 28.

Les articles 13, 14, 15, 16, 17, 18 et 19 sont applicabes à la session des conseils d'arrondissement.

TITRE V.

Des Listes d'Électeurs.

ART. 29.

Si un électeur qui, aux termes de l'article 10 de la Loi du 19 avril 1831, a choisi son domicile politique hors de son domicile réel, veut néanmoins coopérer à l'élection des conseillers de département ou d'arrondissement, dans le canton de son domicile réel, il sera tenu d'en faire, trois mois d'avance, une déclaration expresse aux greffes des justices de paix du canton de son domicile politique et de son domicile réel (1).

ART. 30.

Les citoyens qui n'ont pas été portés sur la liste départementale du jury, à cause de

(1) Ces déclarations doivent être faites avant le 21 juillet, pour servir à l'inscription sur la liste qui sera publiée le 15 août et close le 20 octobre suivans.

l'incompatibilité résultant de l'article 383 du Code d'instruction criminelle, seront d'office, ou sur leur réclamation, inscrits comme ayant droit de coopérer à l'élection des conseillers de département ou d'arrondissement dans le canton de leur domicile réel (1).

ART. 31.

La liste supplémentaire qui comprendra les citoyens désignés aux deux articles précédens, sera dressée par canton, dans les mêmes formes, dans les mêmes délais, et de la même manière que les listes électorales prescrites par la Loi du 19 avril 1831.

ART. 32.

S'il y a moins de cinquante citoyens inscrits sur lesdites listes, le préfet dressera une troisième liste comprenant les citoyens (2) ayant domicile réel dans le canton, qui devront compléter le nombre de cinquante, conformément à l'article 3 de la présente Loi. Cette liste sera affichée dans toutes les communes du canton.

Toutes les fois que le nombre des citoyens portés sur la liste électorale d'un canton et sur la liste supplémentaire mentionnée à l'article 31, ne s'élèvera pas au-delà de cinquante, le préfet fera publier dans les communes du canton une liste dressée dans la même forme, et contenant les noms des dix citoyens susceptibles d'être appelés à compléter le nombre de cinquante, par suite des changemens qui surviendraient ultérieurement dans les listes électorales ou du jury.

ART. 33.

Tout citoyen payant dans un canton une somme de contributions qui le placerait sur la susdite liste des plus imposés, pourra se faire inscrire, bien qu'il n'y ait point son domicile réel, en faisant la déclaration prescrite par l'article 29 (3).

TITRE VI.

De la Tenue des Assemblées électorales.

ART. 34.

Les assemblées électorales sont convoquées par le préfet au chef-lieu de canton, et, lorsque l'assemblée comprend plus d'un canton, au chef-lieu d'un des cantons réunis.

Toutefois, le préfet pourra désigner, pour la tenue de l'assemblée, le chef-lieu d'une commune plus centrale ou de communications plus faciles.

ART. 35.

Il n'y aura qu'une seule assemblée lorsque le nombre des citoyens appelés à voter ne sera pas supérieur à trois cents. Au-delà de ce nombre, le préfet prendra un arrêté pour diviser l'assemblée en sections; aucune section ne pourra comprendre moins de cent ni plus de trois cents.

---

(1) Les citoyens qui sont dans le cas prévu par cet article, n'ont droit à l'inscription qu'autant qu'ils sont âgés de trente ans au moins, ou que leur trentième année sera accomplie avant le 21 octobre suivant.

(2) Le cens des électeurs complémentaires ou plus imposés doit être exclusivement formé de contributions payées dans le canton. Ils doivent être âgés de vingt-cinq ans, au moins, au 21 octobre suivant.

(3) Le cens des électeurs inscrits en vertu de cet article ne doit être formé que de contributions payées dans le canton.

Les déclarations doivent être faites avant le 21 juillet.

ART. 36.

Si l'assemblée n'est pas fractionnée en sections, la présidence appartient au maire du chef-lieu de canton.

Dans le cas contraire, le maire préside la première section. Les adjoints, et, à défaut des adjoints, les membres du conseil municipal de cette commune, selon l'ordre du tableau, président les autres sections.

Le droit de suffrage est exercé par le président de l'assemblée et par les présidens de sections, même lorsqu'ils ne sont pas inscrits sur les listes.

ART. 37.

Le président a seul la police de l'assemblée ou de la section où il siége; les assemblées ne peuvent s'occuper d'aucun autre objet que des élections qui leur sont attribuées. Toutes discussions, toutes délibérations leur sont interdites.

ART. 38.

Nul électeur ne peut se présenter armé dans l'assemblée.

ART. 39.

Le président appelle au bureau, pour remplir les fonctions de scrutateurs, les deux plus âgés et les deux plus jeunes des électeurs présens à la séance, sachant lire et écrire. Le bureau ainsi constitué désigne le secrétaire.

ART. 40.

Nul ne pourra être admis à voter s'il n'est inscrit, soit sur la liste des électeurs et du jury, soit sur la liste supplémentaire mentionnée à l'article 31, soit enfin sur la liste des plus imposés mentionnée à l'article 32.

Ces listes seront affichées dans la salle et déposées sur le bureau du président; toutefois, le bureau sera tenu d'admettre à voter ceux qui se présenteraient munis d'un arrêt de Cour royale déclarant qu'ils font partie d'une des listes susdites, et ceux qui sont en instance, soit devant le tribunal, soit devant le conseil de préfecture, au sujet d'une décision qui aurait ordonné que leurs noms seraient rayés de la liste.

Cette admission n'entraînera aucun retranchement sur la liste complémentaire des plus imposés.

ART. 41.

Avant de voter pour la première fois, chaque membre de l'assemblée prête le serment prescrit par la Loi du 31 août 1830.

ART. 42.

Chaque électeur, après avoir été appelé, reçoit du président un bulletin ouvert, où il écrit ou fait écrire secrètement son vote, par un électeur de son choix, sur une table disposée à cet effet et séparée du bureau; puis il remet son bulletin écrit et fermé au président, qui le dépose dans la boîte destinée à cet usage.

ART. 43.

La table placée devant le président et les scrutateurs sera disposée de telle sorte que les électeurs puissent circuler alentour pendant le dépouillement du scrutin.

ART. 44.

Les votans sont successivement inscrits sur une liste qui est ensuite annexée au procès-verbal des opérations, après avoir été certifiée et signée par les membres du bureau.

ART. 45.

La présence du *tiers* plus un des électeurs inscrits sur les listes, et la majorité absolue des votes exprimés, sont nécessaires, au premier tour de scrutin, pour qu'il y ait élection.

Au deuxième tour de scrutin, la majorité relative suffit, quel que soit le nombre des électeurs présens.

En cas d'égalité du nombre de suffrages, l'élection est acquise au plus âgé.

ART. 46.

Lorsque la boîte du scrutin aura été ouverte et le nombre des bulletins vérifié, un des scrutateurs prendra successivement chaque bulletin, le dépliera, le remettra au président, qui en fera la lecture à haute voix et le passera à un autre scrutateur.

Immédiatement après le dépouillement, les bulletins seront brûlés en présence de l'assemblée.

Dans les assemblées divisées en plusieurs sections, le dépouillement du scrutin se fait dans chaque section; le résultat en est arrêté et signé par les membres du bureau; il est immédiatement porté par le président de chaque section au bureau de la première section, qui fait, en présence des présidens de toutes les sections, le recensement général des votes.

ART. 47.

Les deux tours de scrutin prévus par l'article 45 ci-dessus peuvent avoir lieu le même jour; mais chaque scrutin doit rester ouvert pendant trois heures au moins.

Trois membres au moins du bureau, y compris le secrétaire, doivent toujours être présens.

ART. 48.

Le bureau statue provisoirement sur les difficultés qui s'élèvent au sujet des opérations de l'assemblée.

ART. 49.

En aucun cas, les opérations de l'assemblée électorale ne pourront durer plus de deux jours.

ART. 50.

Les procès-verbaux des opérations des assemblées remis par les présidens sont, par l'intermédiaire du sous-préfet, transmis au préfet, qui, s'il croit que les conditions et formalités légalement prescrites n'ont pas été observées, doit, dans le délai de quinze jours, à dater de la réception du procès-verbal, déférer le jugement de la nullité au conseil de préfecture, lequel prononcera dans le mois.

ART. 51.

Tout membre de l'assemblée électorale a le droit d'arguer les opérations de nullité. Si sa réclamation n'a pas été consignée au procès-verbal, elle est déposée dans le délai de cinq jours, à partir du jour de l'élection, au secrétariat de la sous-préfecture, et jugée, sauf recours, par le conseil de préfecture dans le délai d'un mois, à compter de sa réception à la préfecture.

ART. 52.

Si la réclamation est fondée sur l'incapacité légale d'un ou de plusieurs membres élus, la question est portée devant le tribunal de l'arrondissement, qui statue, sauf l'appel. L'acte d'appel devra, sous peine de nullité, être notifié dans les dix jours à la partie, quelle que soit la distance des lieux. La cause sera jugée sommairement et conformément au paragraphe 4 de l'article 33 de la Loi du 19 avril 1831.

ART. 53.

Le recours au Conseil d'état sera exercé par la voie contentieuse, jugé publiquement et sans frais.

ART. 54.

Le recours devant le Conseil d'état sera suspensif lorsqu'il sera exercé par le conseiller élu.

L'appel des jugemens des tribunaux ne sera pas suspensif lorsqu'il sera interjeté par le préfet.

TITRE VII.

Dispositions transitoires.

ART. 55.

L'élection des conseils généraux et des conseils d'arrondissement sera faite dans le délai de six mois, à dater de la promulgation de la présente Loi.

ART. 56.

Le tableau des réunions de cantons prescrites par l'article 3 de la présente Loi dans les départemens qui ont plus de trente cantons, sera communiqué aux conseils généraux et aux conseils d'arrondissement institués en vertu de la présente Loi, dans leur plus prochaine session.

Les observations que pourraient faire ces conseils sur les réunions de cantons seront imprimées et distribuées aux Chambres.

ART. 57.

La présente Loi n'est pas applicable au département de la Seine : il sera statué à son égard par une loi spéciale.

La présente Loi, discutée, délibérée et adoptée par la Chambre des Pairs et par celle des Députés, et sanctionnée par nous cejourd'hui, sera exécutée comme loi de l'État.

DEUXIÈME PARTIE.

Formation des Listes.

BULLETINS INDIVIDUELS
Modèle *A.*

De leur Forme et de leur Rédaction.

Les bulletins individuels sont disposés pour servir pendant cinq ans.

La première partie, présentant les nom, prénoms, etc., doit être écrite aussi correctement que possible; sa rédaction concerne particulièrement les secrétaires des mairies.

La deuxième partie, divisée en cinq cadres, doit présenter tous les détails de l'application des contributions. Les calculs nécessaires pour opérer cette application doivent être consignés dans la colonne réservée pour cet objet. La rédaction de cette partie est confiée aux percepteurs, qui doivent s'en occuper aussitôt qu'ils reçoivent les nouveaux rôles.

Avant de porter les nouvelles contributions, les percepteurs examineront si l'application doit être faite d'après les mêmes bases que l'année précédente : ces bases sont établies dans le cadre qui précède celui qui doit être garni.

Pour la manière dont cette application doit être faite, les percepteurs doivent consulter les exemples consignés aux divers N.os du Modèle *F.*

De leur Usage.

Les bulletins placés par ordre décroissant des contributions servent de minute pour la formation de la liste générale.

Ils servent à la communication pendant la durée de la publication.

Ils mettent les maires à même de rendre compte, en tout temps, des détails de la formation du cens de tous les électeurs de leurs communes.

A l'époque des élections, ils servent à la division des électeurs par sections, et à la formation des feuilles d'inscription des votans qui doivent être rédigées par ordre alphabétique : il ne s'agit que de placer les bulletins dans ce nouvel ordre.

De leur Renouvellement.

Les bulletins une fois établis, leur renouvellement ne sera plus que partiel par l'effet des mutations annuelles. La première partie des bulletins qui devront remplacer ceux qui auront servi cinq ans, devra être garnie par les secrétaires des mairies; il ne s'agira que de copier, en ce qui concerne les noms, etc., les bulletins à remplacer. Quant aux bulletins à rédiger pour les nouveaux ayant-droit, les percepteurs en garniront d'abord la première partie suivant les documens qu'ils trouveront sur le rôle : ces indications sont complétées et rectifiées par la commission.

De leur Dépôt.

Les bulletins doivent rester déposés à la mairie, depuis la formation des listes, jusqu'au moment de l'expédition des nouveaux rôles. A cette époque, le maire les remet au percepteur, qui s'occupe immédiatement de l'application des nouvelles contributions.

Cadres en blanc.

Le dépôt des cadres en blanc doit être placé chez le percepteur pour les besoins de toutes les communes de sa perception,

---

Préfets.

Dans les premiers jours de décembre, le préfet adresse aux sous-préfets, en nombre suffisant pour les communes de leur arrondissement respectif, les imprimés ci-après, savoir :

1° Des cadres pour les listes, Modèle *B*, à raison de deux exemplaires par commune (1);

2° L'avis, en placard, aux citoyens susceptibles de faire partie des assemblées communales (2);

3° Des feuilles d'informations, Modèle *E*.

Ces pièces doivent être accompagnées d'une circulaire qui en fait l'énumération, et qui indique à chaque maire l'emploi qu'il doit en faire.

Par cette même circulaire, le préfet autorise la convocation extraordinaire du conseil municipal, pour l'un des premiers jours de janvier, à l'effet de procéder à la désignation des trois conseillers municipaux qui, conformément à l'article 33 de la Loi du 21 mars 1831, doivent donner leur avis sur les réclamations qui seront présentées au maire pendant le mois que dure la publication.

Le préfet y indique encore le nombre d'électeurs censitaires à porter sur la première partie de la liste, en raison de la population (3).

Enfin, le préfet invite les maires et les percepteurs à se réunir, pour la formation des listes, au jour qui sera désigné par le sous-préfet.

Il est à propos de faire imprimer à la suite de cette circulaire la formule ci-après, qui sera garnie par le sous-préfet :

Le SOUS-PRÉFET de l'arrondissement d

Vu l'article 32 de la Loi du 21 mars 1831 ;

Pour assurer le travail de la formation des listes des Électeurs communaux de 18 , et

---

(1) Ces cadres devront être à triple pour chaque commune, si le préfet juge à propos d'en demander un exemplaire. (*Circulaire du* 10 *mai* 1831.)

On peut se dispenser de faire imprimer les cadres pour les tableaux de rectification, Modèles *C* et *D*, attendu que la rédaction en est facile, et que dans la plupart des communes il n'est pas nécessaire d'en dresser.

(2) Cet avis indiquera les conditions nécessaires; il invitera particulièrement ceux qui sont appelés comme électeurs adjoints ou qualifiés, selon le deuxième paragraphe de l'article 11, à justifier de leur qualité devant le maire; enfin il indiquera les opérations successives qui complètent la formation des listes communales, la forme, les époques et les délais des recours contre la teneur de la liste. (*Circulaire du* 10 *mai* 1831.)

(3) Voir le Tableau, page 16.

pour éviter les difficultés qui pourraient résulter du choix des jours pour la réunion des commissions chargées de cette opération ;

Sur l'invitation de M. le Préfet, et par analogie avec l'article 14 de la Loi du 19 avril 1831, en ce qui concerne les réunions cantonales ;

ARRÊTE :

La réunion du Maire, du Percepteur et des Commissaires-répartiteurs de la commune d , pour la formation de la liste des Électeurs communaux de l'année 18 , est fixée au prochain, à heure du , à l'hôtel de la mairie.

M. le Maire est invité à donner avis de cette disposition à MM. les Commissaires-répartiteurs.

Fait à , le 18 .

LE SOUS-PRÉFET,

Sous-Préfets.

La date du 1er janvier que porte l'article 40 de la Loi municipale, est plutôt une indication qu'une époque obligatoire ; ainsi, on peut procéder à la formation des listes avant le 1er janvier, si les nouveaux rôles sont expédiés et si le nombre des communes d'une perception en fait sentir la nécessité.

Les sous-préfets auront égard à ces circonstances dans la fixation des jours de réunion. Ils pourront prendre des renseignemens auprès du receveur des finances sur la situation de l'envoi des rôles ; enfin ils pourront s'informer auprès des percepteurs de l'époque à laquelle ils auront fini leur travail préparatoire, consistant à porter les nouvelles contributions sur les bulletins individuels.

Ils auront soin de laisser libre la journée du 31 décembre, attendu qu'elle est consacrée à la clôture annuelle des écritures des percepteurs et à la vérification de leur caisse.

Dès qu'ils auront garni la formule relative aux réunions qui est au bas du placard, les sous-préfets adresseront aux maires toutes les pièces qui leur auront été transmises par le préfet, et ils aviseront en même temps les percepteurs des jours auxquels ils doivent se rendre dans les différentes communes de leur perception, munis des rôles et des autres pièces propres à faciliter la vérification de l'application des contributions.

Percepteurs.

L'article 32 de la Loi municipale porte que le percepteur assistera le maire pour la formation des listes. Dans l'intérêt de son service, le percepteur doit diminuer autant que possible la durée de la commission ; en conséquence, aussitôt qu'il reçoit le nouveau rôle d'une commune, il porte sur les bulletins les nouvelles contributions, et il rédige en même temps des bulletins pour les nouveaux ayant-droit. De cette manière, la commission n'aura plus qu'à examiner le travail du percepteur, à le rectifier et à le compléter, s'il y a lieu. Les exemples que présentent les divers N.os du Modèle *F*, lui indiqueront dans quels termes l'application doit être faite.

Maires.

A la réception des pièces nécessaires pour la formation des listes, le maire fait prévenir les commissaires-répartiteurs du jour fixé pour la réunion, et les invite à s'y rendre.

Dans le cas où il n'aurait pas encore remis les bulletins au percepteur, le maire les lui envoie, en le priant de s'occuper de suite de ce travail.

Il revoit la liste de l'année précédente, et tâche de se procurer les renseignemens qui peuvent lui manquer relativement à des citoyens à inscrire ou à des électeurs dont les droits lui paraîtraient incertains.

Commissions.

Au jour fixé par le sous-préfet, le maire, assisté du percepteur et des commissaires-répartiteurs, procède à la formation de la liste des électeurs communaux.

Les pièces nécessaires pour ce travail sont :

1° La Loi du 21 mars 1831 (1) ;

2° La Loi du 19 avril 1831, en ce qui concerne l'application des contributions (2) ;

3° Le rôle des contributions directes ;

4° Les notes du percepteur relatives aux mutations à opérer ;

5° La matrice cadastrale, ou les états de sections ;

6° Les bulletins individuels qui ont servi à la formation de la liste de l'année précédente, et sur lesquels le percepteur a porté les nouvelles contributions ;

7° Les bulletins que le percepteur a rédigés pour les nouveaux ayant-droit ;

8° Des bulletins en blanc pour les contribuables que la commission reconnaîtrait avoir été omis.

Certaines conditions relatives à l'exercice des droits électoraux sont certifiées par le maire; par exemple, l'exercice de l'industrie, l'exploitation rurale, etc. Ce fonctionnaire étant lui-même à la tête de la commission qui dresse la liste des électeurs, il n'a pas besoin d'en délivrer des certificats, et les faits dont il s'agit seront appréciés par la commission.

La liste générale des électeurs communaux se divise en deux parties :

La première partie se compose des contribuables de la commune *domiciliés* ou *non domiciliés*, jouissant des droits civiques, âgés de vingt et un ans, ou dont la vingt et unième année sera accomplie au 31 mars suivant, qui sont électeurs en raison de la quotité des contributions directes qu'ils paient dans la commune.

Nul ne peut se prévaloir des contributions payées dans une autre commune.

Les citoyens inscrits sur cette première partie sont les *ÉLECTEURS CENSITAIRES*.

La deuxième partie de la liste se forme des citoyens qui, en raison de leurs fonctions, professions ou qualités, ont droit, conformément au paragraphe 2 de l'article 11, de prendre part aux élections communales.

Les citoyens inscrits sur la deuxième partie sont les *ÉLECTEURS QUALIFIÉS*.

Conformément à l'article 13 de la Loi du 21 mars 1831, les citoyens qualifiés qui sont en même temps au nombre des plus imposés doivent être inscrits sur la liste des censitaires.

Dans les petites communes, lorsque la première et la deuxième partie ne comprennent pas *trente* électeurs *domiciliés*, il doit être formé une troisième partie, contenant le nombre de plus imposés nécessaire pour atteindre le *minimum* fixé par l'article 12 de la Loi municipale. Dans aucun cas, les contribuables non domiciliés dans la commune ne peuvent être portés sur la troisième partie.

Les électeurs portés sur la troisième partie sont les *CENSITAIRES ADJOINTS*.

Ne peuvent être inscrits sur la liste des électeurs, les étrangers non naturalisés, lors même qu'ils auraient été admis dans la garde nationale; les interdits, les faillis, les contumaces et les domestiques à gages attachés au service de la personne ou du ménage.

---

(1) Elle se trouve à la page 5 du présent MANUEL.

(2) Elle se trouve à la page 19 du présent MANUEL.

1re Partie de la Liste. — Électeurs censitaires.

L'article 41 de la Loi municipale porte que les dispositions relatives à l'attribution des contributions contenues dans les lois concernant l'élection des députés, sont applicables aux élections communales ; il est donc nécessaire que la commission, avant de procéder à la formation de la liste, prenne connaissance des articles 4, 6, 7, 8 et 9 de la Loi du 19 avril 1831, qui contiennent ces dispositions (1).

Il résulte de ces dispositions que pour qu'un citoyen soit inscrit sur la liste des électeurs censitaires, il n'est pas nécessaire que les contributions qui entrent dans son cens soient imposées en son nom ; il suffit qu'il soit constaté par des titres, ou par la notoriété publique, que les contributions qui lui sont appliquées sont légalement à sa charge.

D'après le même principe, il ne s'ensuit pas que la totalité d'une cote soit applicable à un contribuable, de ce qu'elle est imposée en son nom, s'il est constaté, ou de notoriété publique, que les contributions ont cessé d'être à sa charge.

Ainsi, un citoyen peut être électeur censitaire sans être personnellement imposé, et un cotisé à une somme plus élevée que le *minimum* que présente la liste peut ne pas avoir droit à l'inscription, par l'effet des déductions qu'il y a lieu de faire sur le montant des contributions imposées en son nom.

Lorsque les bulletins sont rédigés en nombre suffisant (2) pour la formation de la liste, la commission les examine ; elle s'assure, pour chaque bulletin, si le nom, les prénoms, la profession, le domicile et l'âge, y sont bien indiqués ; si l'application des contributions est clairement motivée ; si les calculs qui ont dû être faits pour cette application sont consignés dans la colonne des bulletins réservée pour cet objet ; enfin elle voit s'ils sont rédigés de telle manière que l'on puisse toujours, au moyen des élémens qu'ils présentent, se rendre compte de la manière dont il a été procédé à la formation du cens des électeurs (3).

Il est nécessaire de rédiger des bulletins pour tous les individus qualifiés, quelle que soit la quotité des contributions qui leur sont applicables, attendu qu'aux termes de l'article 13 de la Loi municipale, les citoyens qualifiés pour voter en vertu du deuxième paragraphe de l'article 11, et qui sont en même temps au nombre des plus imposés, doivent être inscrits sur la liste des censitaires ; il est donc indispensable de connaître cette quotité pour savoir dans quelle partie de la liste ils doivent être portés.

Les bulletins individuels étant terminés, on les placera par ordre décroissant des contributions, et les premiers, au nombre indiqué par le préfet en raison de la population, formeront la première partie de la liste. Il ne restera plus qu'à les transcrire sur l'imprimé Modèle *B*. On aura soin d'indiquer sur chaque bulletin la partie de la liste et le N.° d'ordre de l'électeur. On laissera à la suite de la première partie quelques lignes en blanc destinées à l'inscription des nouveaux électeurs qui pourraient être admis avant la clôture.

2me Partie de la Liste. — Électeurs qualifiés.

Pour la formation de cette partie de la liste, il n'y a plus qu'à retirer des bulletins qui n'ont pas été employés ceux qui sont relatifs à des citoyens qualifiés. On transcrira leur noms

(1) Voir ces articles et les notes qui les accompagnent aux pages 19, 20 et 21 du présent Manuel.

(2) Le nombre des bulletins préparés doit toujours être supérieur, au moins d'un dixième, à celui des électeurs à inscrire sur la première partie. Il est bien entendu qu'on doit retirer les bulletins appartenant à des électeurs décédés ou qui ont perdu leurs droits civiques.

(3) Voir, pour la manière dont les bulletins doivent être rédigés, ceux qui sont donnés pour exemple, Modèle *F*, du N.° 1 au N.° 59.

sur la liste, en conservant l'ordre décroissant des contributions, et l'on énoncera, dans la colonne d'observations, les fonctions, titres ou professions, qui donneront lieu à l'inscription. Ces énonciations pourront, suivant le cas, être conçues en ces termes :

1° Président du tribunal.
2° Juge.
3° Juge de paix.
4° Suppléant du juge de paix.
5° Membre de la chambre de commerce.
6° Membre du conseil des manufactures.
7° Membre du conseil de prud'hommes.
8° Membre de la commission administrative du collége.
9° Membre de la commission de l'hospice.
10° Membre du bureau de bienfaisance.
11° Officier de la garde nationale.
12° Membre de l'Institut.
13° Correspondant de l'Institut.
14° Membre d'une société savante autorisée.
15° Docteur en droit, domicilié dans la commune depuis plus de trois ans.
16° Docteur en médecine, domicilié dans la commune depuis plus de trois ans.
17° Docteur ès sciences, domicilié dans la commune depuis plus de trois ans.
18° Docteur ès lettres, domicilié dans la commune depuis plus de trois ans.
19° Avocat inscrit au tableau, exerçant et domicilié dans la commune depuis plus de cinq ans.
20° Avoué inscrit au tableau, exerçant et domicilié dans la commune depuis plus de cinq ans.
21° Notaire inscrit au tableau, exerçant et domicilié dans la commune depuis plus de cinq ans.
22° Licencié chargé de l'enseignement de l'une des matières appartenant à la Faculté où il a pris licence, exerçant et domicilié dans la commune depuis plus de cinq ans.
23° Ancien fonctionnaire de l'ordre administratif, retraité.
24° Ancien magistrat retraité.
25° Ancien employé ayant une pension de (au moins 600 francs).
26° Ancien militaire ayant une pension de (au moins 600 francs).
27° Élève de l'école polytechnique, domicilié depuis plus de deux ans (1).
28° Ancien officier pensionné.
29° Électeur du collége d'arrondissement.
30° Membre du conseil général.

Tous les qualifiés ci-dessus énoncés n'ont droit à l'inscription qu'autant qu'ils sont âgés de vingt et un ans accomplis et qu'ils ont leur domicile réel dans la commune, et que ceux qui sont assujettis à des conditions de temps pour le domicile sont en règle sous ce rapport.

Pour connaître la durée de leur domicile réel, le maire, à moins de notoriété bien constatée, consultera le registre des habitans de la commune, et tels autres documens auxquels il jugera utile de recourir. Au défaut de ce renseignement, il pourra se contenter de la notoriété ou de certificats en bonne forme.

---

(1) Si, à la sortie de l'école, il a été déclaré admis ou admissible dans les services publics.

Toutefois, les officiers appelés à jouir du droit électoral en qualité d'anciens élèves de l'école polytechnique, ne pourront l'exercer dans les communes où ils se trouvent en garnison qu'autant qu'ils y auraient acquis leur domicile civil ou politique, avant de faire partie de la garnison.

3me PARTIE DE LA LISTE. — Censitaires adjoints.

Si la première et la deuxième partie de la liste ne présentent pas trente électeurs *domiciliés* dans la commune, il doit être dressé une troisième partie pour atteindre le *minimum* déterminé par l'article 12. Les électeurs *censitaires adjoints* à inscrire dans cette partie de la liste sont les plus imposés des contribuables portés sur les bulletins qui n'ont pas été employés, à l'exclusion des *non domiciliés* qui peuvent se trouver dans ces plus imposés.

Supplément.

Il doit être formé à la suite de la liste un supplément comprenant un certain nombre de contribuables domiciliés ou non domiciliés, les plus imposés après les électeurs censitaires inscrits sur la liste. Leurs bulletins sont les premiers de ceux qui n'ont pas été employés. Ces contribuables sont destinés à remplacer les électeurs censitaires qui pourront être retranchés avant la clôture de la liste. Le nombre d'inscriptions à porter sur ce supplément devra être égal au dixième des électeurs censitaires, et, autant que possible, pas inférieur à cinq.

Dans le cas où l'une des différentes parties de la liste (1) ne pourrait être complétée par défaut de contribuables, il doit être fait mention de cette circonstance à la suite de la partie qui restera incomplète.

Exemple pour la formation d'une Liste.

MODÈLE *B*.

La commune de Saint-Martin a une population de 281 ames.

Le nombre des électeurs censitaires à porter dans la première partie de la liste, en raison de cette population, est de 28.

Il a été rédigé 48 bulletins (2) pour les plus imposés et les qualifiés susceptibles d'être portés sur la liste.

Ces bulletins étant placés selon l'ordre décroissant des contributions, les 28 premiers forment la liste des censitaires (*première partie*).

Ces 28 bulletins sont transcrits sur la liste, et on laisse six lignes en blanc pour les nouveaux censitaires qui pourront être inscrits avant le 31 mars, en remplacement de ceux qui seront retranchés.

Dans les 20 bulletins restant, il y en a 7 (3) qui concernent des citoyens qualifiés par le deuxième paragraphe de l'article 11. Ces 7 bulletins forment la deuxième partie de la liste; ils sont également placés par ordre décroissant des contributions, et sont suivis de quelques lignes en blanc.

Pour s'assurer s'il y a lieu ou non à rédiger une troisième partie, on compte les électeurs domiciliés qui se trouvent dans les deux premières parties, et comme ici il n'y en a que 27, on forme une troisième partie comprenant les trois plus imposés des contribuables portés dans les bulletins non employés, à l'exclusion de ceux qui n'habitent pas dans la commune; tel est le sieur Floriel qui, quoique plus imposé que Ullin et Grégoire, n'est pas porté sur

(1) La première ou la troisième.
(2) Modèle *F* du N.° 1 au N.° 48.
(3) Les N.os 32, 42, 43, 44, 45, 46 et 47.

la troisième partie, attendu qu'il est domicilié à Saint-Paul. A la suite de la troisième partie, on a encore ménagé quelques lignes en blanc.

Il est dressé à la suite de la liste un supplément comprenant les noms des cinq contribuables, domiciliés ou non domiciliés, les plus imposés de ceux qui sont portés dans les 10 bulletins non employés ; reste 5 bulletins sans emploi. (Voir les notes explicatives portées sur divers bulletins.)

Publication.

Conformément à l'article 40 de la Loi du 21 mars 1831, les listes doivent être publiées et affichées le 8 janvier; en conséquence, le maire fait fixer (1) un exemplaire de la liste sur une planche qui est exposée au public dans un endroit à l'abri de la pluie.

Cette planche doit être placée chaque matin et enlevée le soir, jusqu'au moment de la clôture définitive de la liste.

Le second exemplaire de la liste est déposé au secrétariat de la mairie, et il est communiqué, ainsi que les bulletins, à tout requérant.

Ce même jour, 8 janvier, le maire fait afficher l'avis du préfet.

Réclamations.

Depuis le 8 janvier jusqu'au 7 février inclusivement, le maire reçoit les réclamations; il en délivre récépissé; et dans les communes dont le maire est nommé par le Roi, il est ouvert un registre pour leur inscription.

Les demandes en inscription et celles en rectification de cens, de nom, etc., ne peuvent être présentées que par les parties intéressées. On peut néanmoins admettre l'intervention d'un fondé de pouvoirs pour une demande formée pour un contribuable non domicilié, ou pour un habitant qui serait temporairement absent.

Les demandes en radiation peuvent être présentées par la partie intéressée ou par tout électeur inscrit sur la première, la deuxième, ou la troisième partie de la liste. Si l'électeur dont un tiers réclame la radiation est sur les lieux, le maire lui fait connaître cette demande immédiatement après sa présentation, pour qu'il puisse répondre avant l'expiration des huit jours dans lesquels la décision doit être rendue. Si cet électeur est absent ou non domicilié, le maire doit donner connaissance de cette demande à sa famille, à son fermier, à son locataire, ou à son correspondant habituel.

Les réclamations doivent être accompagnées de pièces justificatives ; en général ces pièces sont :

1° L'extrait ou les extraits de rôle certifiés par le percepteur ;

2° L'acte de naissance, si le réclamant n'est pas natif de la commune ;

3° Les titres de propriété, si les contributions ne sont pas imposées au nom du réclamant (2) ;

4° L'extrait de la matrice cadastrale ou des états de section, s'il s'agit d'une portion de cote indéterminée ;

5° La délégation, s'il y a lieu (3) ;

---

(1) La liste doit être fixée par le milieu des feuilles, de manière à ce qu'on puisse prendre connaissance de tout le cahier.

(2) A défaut de titre, on peut considérer la notoriété publique comme une justification suffisante.

(3) Les délégations peuvent être conçues en ces termes :

En vertu de l'article 8 de la Loi du 19 avril 1831, je soussignée (nom et prénoms), *veuve* ou *femme séparée de corps* ou *divorcée de M.***, déclare déléguer les contributions que je paie dans la commune de .... au sieur* (nom, prénoms et qualité), *mon fils, petit-fils, gendre* ou *petit-gendre, pour la formation de son cens électoral.*

A , *le* 18 .

Au moment de la réception de chaque réclamation, le maire doit, autant que possible, l'examiner et inviter le réclamant à compléter les pièces justificatives, si celles qui sont produites sont insuffisantes.

Décisions du Maire en comité municipal.

Conformément à l'article 35 de la Loi municipale, le maire procédera dans le délai de huit jours, à dater de la présentation de la réclamation, après avoir pris l'avis de la commission de trois membres du conseil municipal qui ont dû être délégués à cet effet.

Les Modèles ci-après indiqués feront connaître la forme dans laquelle ces décisions doivent être rédigées.

Décisions sur des réclamations présentées par les parties intéressées.

1° Décision rejetant une demande en inscription sur la première partie de la liste, Modèle *G*, N.° 1.

2° Décision admettant une demande en inscription sur la première partie, Modèle *G*, N.° 2.

3° Décision rejetant une demande en inscription sur la première partie, présentée par un électeur qualifié, Modèle *G*, N.° 3.

4° Décision admettant une demande en inscription sur la première partie, présentée par un électeur qualifié, Modèle *G*, N.° 4.

5° Décision rejetant une demande en inscription sur la deuxième partie de la liste, Modèle *G*, N.° 5.

6° Décision admettant une demande en inscription sur la deuxième partie, Modèle *G*, N.° 6.

7° Demande en rectification, Modèle *G*, N.° 7.

Décisions sur des réclamations présentées par des tiers.

8° Décision rejetant une demande en radiation d'un électeur porté sur la première partie, Modèle *G*, N.° 8.

9° Décision admettant une demande en radiation d'un électeur porté sur la première partie, Modèle *G*, N.° 9.

10° Décision rejetant une demande en radiation d'un électeur qualifié, Modèle *G*, N.° 10.

11° Décision admettant une demande en radiation d'un électeur qualifié, Modèle *G*, N.° 11.

Toute partie qui se croit fondée à contester une décision rendue par le maire en comité municipal, peut en appeler, dans le délai de quinze jours, à dater de la notification, devant le préfet en conseil de préfecture (article 36), ou, suivant le cas, porter son recours, dans le délai de dix jours, devant le tribunal civil de l'arrondissement (article 42).

Les recours à porter devant le tribunal sont ceux qui ont pour objet des difficultés relatives à l'attribution des contributions, à la jouissance des droits civiques ou civils et au domicile.

Les recours contre des décisions motivées sur des circonstances autres que celles qui sont ci-dessus mentionnées, doivent être portés devant le préfet.

Notifications.

Dans les huit jours qui suivent la présentation d'une réclamation, le maire notifie sa décision à la partie intéressée.

Toutes les décisions ne sont pas sujettes à la notification.

Les décisions intervenues sur les réclamations présentées par les parties intéressées ne doivent être notifiées que lorsqu'elles portent rejet.

Celles qui sont prises sur les réclamations formées par des tiers sont notifiées aux tiers réclamans, si elles portent rejet, et aux parties intéressées, si elles prononcent leur radiation.

La notification consiste à faire tenir à la personne à qui elle est faite une copie certifiée de la décision qui l'intéresse.

Les notifications sont faites par le garde champêtre, ou par l'appariteur ou mandeur de la commune, ou bien par le maire ou l'adjoint, s'il n'y a pas de garde champêtre, ni d'appariteur ou mandeur.

Elles sont faites à la résidence des parties domiciliées dans la commune, et s'il s'agit d'un contribuable forain, chez son fermier, son locataire ou son correspondant habituel. Le porteur exige un récépissé qui constate la date de la notification. Ce récépissé est remis au maire.

1er Tableau de rectification.

Du 8 au 15 février, le maire achève de juger en comité municipal les réclamations qui lui ont été présentées.

Il vérifie si parmi les électeurs inscrits sur les différentes parties de la liste, il y en a qui, depuis la publication, soient décédés, aient perdu leurs droits civiques, aient vendu ou donné leurs propriétés, ou qui aient quitté les fonctions ou l'industrie qui leur donnaient la capacité électorale. Ceux qui sont dans ce cas doivent être retranchés, sans qu'il soit nécessaire que des réclamations aient été présentées pour leur radiation.

Mais avant de statuer (sauf le cas de décès), le maire doit faire connaître aux électeurs dont il croit devoir opérer la radiation les motifs de cette démarche; il doit aussi leur notifier ses décisions, comme dans le cas d'intervention d'un tiers.

Ces décisions d'office doivent être rédigées dans la forme indiquée au Modèle *G*, N.os 12, 13, 14 et 15.

Dans le même délai, c'est-à-dire du 8 au 15 février, le maire reçoit et juge les réclamations qui lui sont présentées par des citoyens qui, soit par succession ou par avancement d'hoirie, soit par la nomination à des fonctions désignées au paragraphe 2 de l'article 11 de la Loi du 21 mars 1831, ou par l'investiture d'une qualité indiquée dans ce même paragraphe, auront acquis, dans le même intervalle de huit jours, la capacité électorale (1).

Le 15 février, le maire, toujours assisté des trois conseillers municipaux délégués, procède à la formation du tableau de rectification Modèle *C*.

Pour maintenir la première partie de la liste au nombre déterminé par la loi, en raison de la population, il est nécessaire que le nombre des additions se balance avec celui des radiations. Ainsi, lorsque le nombre des radiations excède celui des inscriptions nouvelles ou additions, on doit prendre des décisions d'ordre (2) pour l'inscription des plus imposés portés dans les autres parties de la liste et dans le supplément en nombre égal à cet excédant; et si le nombre des additions excède celui des radiations, on doit retrancher les moins imposés de la première partie en nombre égal à cet excédant.

---

(1) Les réclamations présentées dans l'intervalle du 8 au 15 février par des citoyens dont les droits remontent à une époque antérieure au 8 février, ne doivent pas être admises, attendu qu'ils sont hors des délais pour réclamer. (Voir, pour ce cas, la Décision Modèle *G*, N.° 16.)

(2) Ces décisions d'ordre doivent être rédigées dans la forme indiquée au Modèle *G*, N.os 17, 18, 19, 20 et 21.

Dans la commune de Saint-Martin, le nombre des inscriptions nouvelles ne s'élève qu'à 2, savoir : les sieurs Duroc et Allain; le nombre des radiations est de 4, savoir : les sieurs Isnard, Pascal, Falcon et Bertrand. La première partie se trouve ainsi réduite à 26 au lieu de 28; en conséquence, il est pris des décisions d'ordre pour l'inscription des deux plus imposés portés dans les autres parties de la liste : ces deux plus imposés sont le sieur Rolland, inscrit au N.° 1.er de la troisième partie, et le sieur Floriel, inscrit au N.° 1.er du supplément. De cette manière, le nombre des électeurs censitaires se trouve rétabli à 28.

Il n'est pas nécessaire que le nombre des additions de la deuxième partie se balance avec celui des radiations, attendu que le nombre des électeurs qualifiés est indéterminé; ainsi, à Saint-Martin il n'y a qu'une addition, et les radiations s'élèvent à trois, ce qui réduit le nombre des électeurs qualifiés à 5.

Ces rectifications étant constatées au tableau, on les opère sur la liste déposée à la mairie et sur celle qui est affichée, c'est-à-dire que l'on inscrit les nouveaux électeurs à la suite de ceux qui y sont déjà portés, et que l'on raie les noms de ceux dont le retranchement a été décidé (1).

Dans les communes où il a été formé une troisième partie, on compte de nouveau le nombre des électeurs domiciliés existant dans la première et la deuxième partie, après y avoir opéré les rectifications, et l'on augmente ou l'on diminue, au moyen d'une ou de plusieurs décisions d'ordre, le nombre des censitaires adjoints qui y sont portés, de manière à ramener le nombre des domiciliés à 30.

Ainsi, dans la commune de Saint-Martin le nombre des électeurs domiciliés de la première et de la deuxième partie ne s'élève plus qu'à 25. Il a donc fallu porter la troisième partie à cinq inscriptions; et attendu que cette troisième partie se trouve réduite à deux électeurs, par le passage du sieur Rolland dans la première partie, on a dû y ajouter les trois plus imposés des contribuables domiciliés portés au supplément : ces trois contribuables sont les sieurs Meslin, Osmond et Volcain.

Et comme ce supplément se trouve réduit à un seul contribuable (le sieur Lefèvre), on l'a augmenté de nouveaux plus imposés au nombre de quatre pris dans les cinq bulletins non employés.

On a dû, dans ce travail, rédiger des bulletins pour les nouveaux ayant-droit (les N.os 49 et 50 du Modèle *F*), et annoter sur les bulletins des électeurs qui ont éprouvé des changemens les détails de ces changemens.

Dans le cas où il aurait été formé des demandes en rectification de noms, prénoms, etc., on en constatera le résultat à la fin du tableau et sur la liste. (Voir, à ce sujet, la Décision Modèle *G*, N.° 7, relative au sieur Noël, inscrit au N.° 24 de la première partie de la liste.)

Le premier tableau de rectification étant rédigé à double expédition, un exemplaire en est annexé à la liste déposée à la mairie et l'autre à la liste affichée.

Les bulletins sont placés dans le même ordre que la liste.

Ce travail étant terminé, le maire rédige et adresse au préfet, par l'intermédiaire du sous-préfet, la feuille d'informations Modèle *E*.

Si, dans l'intervalle du 16 février au 31 mars, des électeurs communaux viennent à décéder, à perdre les droits civils et politiques, il n'appartient plus au maire de les rayer, puisque l'on a fixé au 15 février le terme des décisions qu'il peut rendre sur les inscriptions primitives; mais il doit s'adresser au préfet en conseil de préfecture pour provoquer leur radiation.

Il est nécessaire que les demandes de cette nature soient adressées au préfet au plus tard le 20 mars.

---

(1) Voir le Modèle *B*, pour la manière dont ces rectifications doivent être opérées sur la liste.

Clôture ou 2me Tableau de rectification.

Le 31 mars, le maire en comité municipal procède à la formation du deuxième tableau de rectification, Modèle *D*.

A cet effet, il prend des décisions d'ordre pour l'exécution des jugemens du tribunal ou des arrêtés du préfet en conseil de préfecture, qui lui ont été notifiés. Ces décisions ont pour objet de maintenir la première et la deuxième partie de la liste au nombre d'électeurs déterminé par la loi.

Ainsi, dans la commune de Saint-Martin un jugement ordonne l'inscription du sieur Falcon sur la première partie de la liste : comme cette inscription porte le nombre des électeurs censitaires à 29, on retranche le moins imposé (le sieur Floriel) (1) ; et attendu que ce contribuable n'est pas domicilié, il n'y a pas lieu de l'inscrire sur la troisième partie, quoique plus imposé que ceux qui y sont portés.

L'admission dans la première partie d'un nouvel électeur domicilié (le sieur Falcon) à la place du sieur Floriel non domicilié, élève le nombre des domiciliés de la première, deuxième et troisième partie à 31 ; en conséquence, on retranche le moins imposé des électeurs portés dans la troisième partie (le sieur Volcain) (2).

Tous ces changemens sont constatés au tableau et opérés sur la liste déposée à la mairie et sur celle qui est affichée, et une expédition dudit tableau est annexée à chacune.

Enfin, le maire complète et rectifie les bulletins, les place dans le même ordre que la liste, et recommande au secrétaire de la mairie de veiller à leur conservation.

Après huit jours de publication, c'est-à-dire le 8 avril, on pourra retirer la liste qui est affichée.

Jugemens intervenus après la clôture.

Les jugemens rendus par le tribunal après le 31 mars n'ont d'autre suite que celle qui résulte immédiatement de leur dispositif ; ainsi, il y a lieu d'inscrire ou de rayer l'individu qui en est l'objet, sans avoir aucun égard à la disproportion que cette inscription ou radiation établit entre le nombre effectif d'électeurs et ceux qu'exigent les articles 11 et 12.

Sous-Préfets.

Avant de transmettre au préfet les feuilles d'informations Modèle *E*, le sous-préfet les examine, et si quelques-unes de ces feuilles donnent à croire qu'il existe des irrégularités dans la liste, le sous-préfet demande aux maires de ces communes les bulletins individuels et les vérifie, et s'il acquiert la certitude de quelque erreur, il la signale au préfet.

Il est à propos que dans tous les cas le sous-préfet vérifie, chaque année, les bulletins d'un certain nombre de communes, et qu'il y insère des annotations propres à amener dans la rédaction de ces pièces toute la régularité et l'exactitude désirables.

Il est certain que, par ce moyen, on obtiendra dans peu de temps toute la perfection dont ce travail est susceptible.

(1) Voir la Décision Modèle *G*, N.° 20.
(2) Voir la Décision Modèle *G*, N.° 21.

TROISIÈME PARTIE.

Élections.

Division des Conseils municipaux pour les renouvellemens périodiques.

L'ARTICLE 17 de la Loi du 21 mars 1831 porte que les conseils seront renouvelés par moitié tous les trois ans.

Pour l'exécution de cette disposition, il est dit dans l'article 53 que, lors de la deuxième élection qui aura lieu trois ans après, le sort désignera ceux qui seront compris dans la moitié sortant, et que, si la totalité du corps municipal est en nombre impair, la fraction la plus forte sortira la première.

A cet effet, à l'époque de la session qui précède immédiatement les premières élections triennales, le préfet invite le maire à procéder en conseil municipal au tirage au sort pour la désignation des conseillers qui doivent sortir. Les vacances qui peuvent exister dans ce moment sont comprises dans cette moitié sortant.

Cette opération fait l'objet particulier d'un procès-verbal dont une ampliation est adressée au préfet.

Cette désignation une fois faite, on ne doit plus en intervertir l'ordre dans les renouvellemens périodiques subséquens. Pour éviter toute confusion à ce sujet, les conseillers de la première moitié qui sortira seront désignés au tableau par la lettre A, et les autres par la lettre B, et les conseillers qui les remplaceront conserveront indéfiniment cette distinction.

Convocation des Assemblées électorales.

Conformément à l'article 43 de la Loi municipale, l'assemblée des électeurs est convoquée par le préfet. En conséquence, environ un mois avant l'époque des élections triennales, le préfet prend un arrêté général qui fixe pour chaque commune les jours de réunion (1), et qui indique, dans les communes divisées en sections, que les sections voteront successivement à deux jours de distance l'une de l'autre, et suivant l'ordre de numéros déterminé

(1) Il n'est pas nécessaire que les assemblées communales soient convoquées toutes pour le même jour. Le préfet doit avoir égard, pour la fixation des jours de réunion, aux circonstances particulières qui favorisent la présence du plus grand nombre possible d'électeurs. Il est à propos de convoquer les assemblées immédiatement après une des quatre sessions du conseil municipal; de manière que l'installation des nouveaux conseillers puisse s'effectuer avant la session suivante, et qu'il n'y ait, par conséquent, aucune assemblée du conseil municipal dans l'intervalle des élections à l'installation de la moitié renouvelée.

par le paragraphe 6 de l'article 44. Dans cet arrêté les électeurs sont prévenus qu'ils ne peuvent se présenter armés dans les assemblées, et que ceux qui sont étrangers à la section qui se réunit ne peuvent entrer dans l'assemblée de cette section.

Cet arrêté doit être affiché dans toutes les communes du département et être inséré au *Recueil des Actes administratifs*. L'exemplaire imprimé en placard sera suivi de la formule ci-après :

AVIS IMPORTANT.

Le MAIRE de la commune d

Vu l'Arrêté ci-dessus ;

Prévient les Électeurs communaux que la réunion aura lieu dans la salle de aux jours et heures ci-après indiqués, savoir :

La section (1) (Dénomination de la section) *le* , *à* *heure du*
La section *le* , *à* *heure du*
La section *le* , *à* *heure du*

Les fermiers, locataires et correspondans habituels des Électeurs non domiciliés dans la commune, sont invités à les prévenir de ces dispositions.

Fait à , *le* 18 .

Le Maire,

Le préfet joint à l'envoi qu'il fait à chaque maire dudit arrêté,

1° Un imprimé pour l'exemplaire de la liste générale des élections qui doit être affichée dans le collége, Modèle *H* ;

2° Des imprimés pour la formation de la liste d'inscription des votans qui doit être dressée pour chaque section, Modèle *K* ;

3° Des formules de procès-verbal, à raison de deux exemplaires par section, Modèles *L* et *M* (2).

Dans sa lettre d'envoi, le préfet indique le nombre des conseillers à élire pour chaque section.

Il recommande au maire de veiller à ce que les limites posées par les articles 15 et 16 ne soient pas dépassées ; enfin, il précise l'ordre dans lequel chaque section doit voter, eu égard aux précédentes élections, suivant le paragraphe 6 de l'article 44.

Il arrivera souvent qu'au moment des élections triennales, il existera des vacances dans la moitié restant. On profitera des élections triennales pour procéder à leur remplacement ; on devra considérer comme leurs remplaçans les nouveaux élus qui obtiendront le moins de suffrages dans leur section respective.

Dans les élections particulières qui auront lieu en vertu de l'article 22, l'arrêté du préfet sera affiché seulement dans la commune intéressée. Les électeurs domiciliés devront être prévenus à domicile, et le maire devra remettre aux fermiers, locataires ou correspondans habituels des forains, des billets de convocation.

(1) Si la commune n'est pas divisée en sections, on met le mot : *unique*.

(2) *L* pour les communes qui n'ont qu'une section ; *M* pour celles qui sont divisées.

Maires.

A la réception de l'arrêté de convocation, le maire garnit la formule qui est au bas du placard, et fait afficher ledit placard (1).

Il fait rédiger la feuille d'inscription des votans pour chaque section. Les électeurs y sont inscrits par ordre alphabétique, sans distinction des parties de la liste générale dans lesquelles ils sont portés. Pour ce travail on se servira des bulletins que l'on placera par ordre alphabétique, après les avoir divisés par sections.

Il fait copier la liste générale sur l'imprimé Modèle *II*. La dernière colonne de cette liste indique la section à laquelle chaque électeur appartient.

Il peut arriver que des jugemens intervenus postérieurement au 31 mars (époque de la clôture des listes), sur des appels formés en vertu de l'article 42, donnent lieu à des inscriptions ou à des radiations.

Il peut aussi arriver que des électeurs inscrits sur la liste aient été privés, depuis la clôture, de leurs droits civiques par un jugement.

Enfin, il arrivera souvent que des électeurs seront décédés depuis la même époque.

Ces trois cas donnent lieu à la formation d'un troisième et dernier tableau de rectification conforme au Modèle *I*. Un exemplaire de ce tableau sera joint à la liste déposée sur le bureau, et un autre à la liste affichée dans le collége.

Disposition de la Salle des séances.

Il sera placé en avant du bureau où doivent siéger le président, les scrutateurs et le secrétaire, une table entièrement séparée de ce bureau, et sur laquelle les électeurs pourront écrire leur vote. Cette table sera pourvue de papier, d'encre et de plumes.

Le bureau sera disposé de telle sorte que les électeurs puissent circuler alentour pendant le dépouillement du scrutin.

La liste des électeurs et les tableaux de rectification qui ont été déposés au secrétariat de la mairie pendant la publication, seront déposés sur le bureau.

La copie de la liste Modèle *II* sera affichée dans la salle.

Seront également déposées sur le bureau, la feuille d'inscription des votans, l'arrêté de convocation et les formules de procès-verbal.

Il sera enfin affiché dans la salle une liste des conseillers restant, avec l'indication de ceux qui ne sont point domiciliés et de ceux qui ont été choisis parmi les électeurs qualifiés, de manière à faire connaître le nombre des conseillers qui peuvent encore être pris dans ces deux catégories. Dans les sections qui voteront après la première, on aura soin d'ajouter à cette liste les noms des conseillers qui auront été élus par celles qui auront déjà voté.

Police de l'Assemblée.

La police de chaque assemblée unique ou sectionnaire appartient au président seul. Il peut, si cela est nécessaire, requérir la force armée, ou s'adresser au maire pour la requérir. La

(1) Indépendamment de cette affiche, le maire fait publier au son du tambour, à diverses reprises, et notamment la veille et le jour de l'assemblée, les dispositions énoncées dans l'arrêté et dans la formule ou avis qui le termine.

S'il s'agit d'élections partielles, en vertu de l'article 22, le maire fait en outre prévenir à domicile chaque électeur, et remet une lettre de convocation aux fermiers, locataires ou correspondans habituels des électeurs forains.

réquisition directe peut émaner du président, s'il est investi comme maire, ou, en l'absence du maire, de l'administration de la commune. Le président d'une section unique ou d'une première section, qui ne fait pas les fonctions de maire, et les présidens des sections autres que la première, doivent s'adresser au maire s'ils ont besoin de requérir la force armée.

Les électeurs communaux ne peuvent se présenter armés.

Les électeurs étrangers à une section ne peuvent entrer dans cette section.

Doivent toujours être présens trois membres au moins du bureau. En cas d'absence, le président est remplacé par le plus âgé des scrutateurs, et le secrétaire par le plus jeune.

Présidence.

La présidence de la section appelée à voter la première appartient au maire. Les autres sections sont successivement présidées par les adjoints dans l'ordre de nomination, et par les conseillers municipaux dans l'ordre du tableau.

En cas d'absence ou d'empêchement, le maire est remplacé dans la présidence par le plus ancien adjoint, au défaut de l'adjoint par le premier conseiller municipal, et ainsi de suite. Il en est de même pour les communes qui ne sont pas divisées en sections, et où la présidence de l'assemblée appartient au maire.

Il peut arriver que quelques-uns des fonctionnaires municipaux appelés à la présidence ne soient plus électeurs communaux : cela ne doit pas les empêcher d'exercer les fonctions de la présidence ; mais ils ne peuvent donner leur suffrage, et ils prennent part seulement aux décisions du bureau pour la nomination du secrétaire, et pour juger provisoirement les difficultés qui peuvent s'élever sur les opérations de l'assemblée.

Le président vote dans l'assemblée qu'il préside, quoiqu'il appartienne comme électeur à une autre section.

Ouverture de la Séance (1).

Le fonctionnaire municipal qui doit présider l'assemblée prend place au bureau et donne lecture des articles 9, 10, 15, 16, 17, 18, 20 (2), 43, 44, 45, 46, 47, 48, 49, 50, 51 et 52 de la Loi du 21 mars 1831. Le président peut se faire aider pour cette lecture par un électeur de son choix.

Formation du Bureau.

Le président appelle ensuite au bureau, pour faire les fonctions de scrutateurs, les deux plus âgés et les deux plus jeunes des électeurs présens, pourvu qu'ils sachent lire et écrire.

Si quelqu'un des électeurs présens appelé par son âge à remplir les fonctions de scrutateur, ne pouvait les accepter pour quelque cause que ce fût, il serait considéré comme absent et il serait de suite remplacé.

Si, après la désignation des scrutateurs, il se présentait des électeurs plus jeunes ou plus âgés que ceux qui sont installés, cette circonstance ne changerait rien à la composition du bureau, qui doit rester en fonctions jusqu'à la fin des opérations de l'assemblée.

---

(1) On ne doit pas commencer la séance tant qu'il n'y a dans la salle qu'un trop petit nombre d'électeurs. On peut attendre, par exemple, la présence de 30 électeurs au moins, si l'assemblée en compte plus de 100; de 20, si elle en compte de 50 à 100, et de 10, si elle est au-dessous de 50; à moins que l'inexactitude des absens ne se prolonge trop long-temps.

(2) Il est inutile de lire l'article 20 dans les communes qui ont moins de 500 ames.

Le président et les scrutateurs nomment de suite le secrétaire, qu'ils choisissent parmi les membres de l'assemblée.

Le secrétaire n'a que voix consultative pour les délibérations qui doivent être prises par le bureau (1).

Toutes discussions, toutes délibérations sont interdites aux assemblées d'électeurs communaux (article 48) ; elles ne peuvent s'occuper d'autres objets que des élections qui leur sont attribuées (même article).

Si donc il s'élève des discussions dans le sein d'une assemblée, le président doit rappeler aux électeurs cette disposition de la Loi ; si, malgré cette observation, la discussion continuait, et si le président n'avait pas d'autre moyen de la faire cesser, il lèverait la séance et l'ajournerait soit à une autre heure de la journée, soit au lendemain. Si c'était une assemblée sectionnaire, comme il ne serait pas juste que le trouble qui aurait éclaté dans son sein retardât les opérations des autres sections, la séance serait ajournée après les opérations de la section qui porte le dernier numéro.

Le bureau de chaque assemblée unique ou sectionnaire prononce provisoirement sur les difficultés qui s'élèvent concernant les opérations de l'assemblée, sauf appel devant le conseil de préfecture, ou recours au tribunal de première instance.

Le bureau délibère à part. Le président prononce la décision à haute voix.

Le bureau n'a point à s'occuper des réclamations qui ont pour objet le droit de voter, c'est-à-dire qui concernent la capacité électorale des personnes inscrites sur la liste, ou qui prétendraient y avoir été omises indûment.

Les réclamations relatives aux opérations de l'assemblée seront insérées au procès-verbal, ainsi que les décisions du bureau avec leurs motifs. Les pièces ou bulletins qui s'y rattachent sont paraphés par les membres du bureau et annexés au procès-verbal.

A la fin de chaque séance, les bulletins autres que ceux qu'il y aurait lieu d'annexer au procès-verbal, seront brûlés en présence de l'assemblée.

Le bureau doit juger provisoirement les questions concernant la forme des opérations, les titres et les conditions d'éligibilité des conseillers élus. Il ne pourra se dispenser de statuer, sous prétexte de renvoyer à l'autorité supérieure, dont, au surplus, les droits restent entiers. Ce refus de statuer arrêterait les opérations.

Ouverture du Procès-Verbal.

Dès que le secrétaire est installé, il ouvre le procès-verbal et y insère toutes les opérations qui ont eu lieu jusqu'à ce moment.

Pendant ce temps, le président fait connaître (2) aux électeurs le nombre des conseillers qu'ils doivent élire ; il leur fait observer que leurs suffrages ne doivent se porter que sur des citoyens inscrits sur la liste des électeurs de la commune et âgés de vingt-cinq ans au moins.

Il rappelle les limites posées par les articles 15 et 16, qui exigent que les trois quarts au moins des conseillers soient domiciliés dans la commune, et que les deux tiers au moins soient au nombre des électeurs censitaires. Il leur indique le nombre des conseillers qui peuvent encore être pris parmi les électeurs non domiciliés et les qualifiés, eu égard à la position des conseillers restant et de ceux qui ont été élus par les sections qui ont déjà voté. Le maire, lorsqu'il ne préside pas l'assemblée, doit donner au président une note pour le fixer sur ces proportions.

---

(1) Ordonnance du 24 octobre 1832 fondée sur ce que la Loi a dit (article 44) que « *le bureau ainsi constitué désigne le secrétaire.* »

(2) Pour donner ces explications, le président peut se faire aider ou suppléer par un membre du bureau.

Il invite l'assemblée à prendre connaissance de la note affichée qui indique les noms des conseillers restant et de ceux qui sont nouvellement élus, afin que les votes ne se portent pas sur eux.

Il prévient les électeurs que les bulletins doivent être écrits dans la salle, et les invite à ne pas y porter les noms des citoyens qui se trouvent dans les cas d'exclusion prévus par l'article 18; enfin, il les engage à consulter la liste générale qui est affichée, afin de s'assurer que leurs candidats y sont portés, et pour y prendre des renseignemens propres à les leur faire désigner clairement sur les bulletins.

Ouverture du Scrutin.

Le président constate l'heure précise à laquelle le scrutin est ouvert, et il la fait consigner au procès-verbal.

Le président, ou un autre membre du bureau, fait, au moyen de la feuille d'inscription des votans, l'appel des électeurs.

Le président remet à l'électeur qui répond un bulletin en blanc (1), et lui rappelle le nombre de candidats qu'il doit y inscrire. Il lui fait observer que son bulletin doit être écrit dans la salle et sur le bureau, par lui-même ou par un autre électeur qu'il a choisi (2).

Lorsque l'électeur rapporte son bulletin, le président ne doit le recevoir qu'après s'être assuré qu'il est fermé, et avant de le déposer dans l'urne il fait prêter au votant le serment prescrit par la Loi : *Je jure fidélité au Roi des Français, obéissance à la Charte constitutionnelle et aux Lois du Royaume.*

On fait ensuite le réappel, et après le réappel on admet à voter tous les électeurs qui se présentent avant l'expiration des trois heures pendant lesquelles le scrutin doit rester ouvert.

Pendant la durée du scrutin, le membre du bureau qui tient la feuille d'inscription des votans inscrit son *propre* nom ou trace un signe dans la colonne réservée pour cet objet, vis-à-vis du nom de l'électeur, au moment où ce dernier remet son bulletin au président.

Clôture et Dépouillement du Scrutin.

Lorsque trois heures se sont écoulées depuis l'ouverture du scrutin, et qu'il n'y a aucune raison de compter sur l'arrivée des électeurs qui n'ont pas voté, le président déclare le scrutin fermé : l'heure à laquelle cette clôture a lieu est consignée au procès-verbal.

On compte les émargemens faits sur la feuille d'inscription des votans : le nombre de ces émargemens doit être égal à celui des bulletins déposés dans l'urne; s'il y a parité, le scrutin est déclaré valide; si le nombre des bulletins diffère de celui des émargemens, le bureau en recherche la cause, et déclare s'il y a lieu à maintenir le scrutin ou à l'annuler. Dans le cas où le scrutin est maintenu, le nombre des suffrages exprimés est réduit ou porté à celui des bulletins trouvés dans l'urne. Dans le cas d'annulation, les bulletins sont brûlés, et il est procédé à un nouveau scrutin. Ce scrutin doit être considéré comme un premier tour, et les élections n'y sont faites qu'à la majorité absolue des suffrages.

On procède ensuite au dépouillement du scrutin. A cet effet, un des scrutateurs prend successivement chaque bulletin, le déplie et le remet au président, qui en fait lecture à haute voix et le passe à un autre scrutateur. Les deux autres scrutateurs et le secrétaire

(1) Il doit y avoir à cet effet une certaine quantité de carrés de papier coupés uniformément.

(2) Ordonnance du 24 mai 1833 relative aux élections de la ville d'Yssengeaux.

tiennent note du dépouillement (1) sous la dictée du président. Si deux des trois relevés des votes sont d'accord, ils obtiennent la préférence sur le troisième; si tous trois diffèrent, il faut recommencer le dépouillement.

Dans cette opération, le bureau raie des bulletins les derniers noms inscrits au-delà de ceux qu'ils doivent contenir, et les noms qui ne désignent pas clairement les individus auxquels ils s'appliquent. Si cette opération donne lieu à des réclamations, le bureau décide provisoirement à la majorité des voix, et constate sa décision au procès-verbal. Les bulletins qui peuvent avoir donné lieu aux réclamations sont paraphés et joints au procès-verbal.

Les bulletins blancs, s'il y en a, sont annulés, et on les porte en diminution du nombre des suffrages exprimés; on constate ensuite la majorité absolue nécessaire pour l'élection. Si le nombre des suffrages exprimés est pair (par exemple **60**), la majorité est de la moitié plus *un* (**31**); s'il est impair (par exemple **85**), la majorité se forme de la moitié la plus forte (**43**).

On inscrit ensuite au procès-verbal les noms de *tous* les candidats qui ont obtenu la majorité, quel qu'en soit le nombre.

Le candidat qui a obtenu le plus de suffrages doit être inscrit le premier, et ainsi de suite dans l'ordre décroissant des suffrages. Dans cette inscription, on indiquera, pour chacun des candidats tirés de la première partie de la liste, s'il est domicilié ou non domicilié, et l'on désignera les qualifiés. Le nombre des suffrages sera inscrit en toutes lettres. Dans le cas de parité dans le nombre des suffrages obtenus par deux ou plusieurs candidats, le plus âgé sera inscrit le premier.

Lorsque cette inscription au procès-verbal est terminée, le bureau examine pour chacun des candidats,

1° S'il est inscrit sur la liste générale;

2° S'il est âgé de vingt-cinq ans au moins;

3° S'il n'excède pas le nombre des non domiciliés et des qualifiés qui peuvent être élus, eu égard aux non domiciliés et aux qualifiés qui se trouveront dans les conseillers restant et dans ceux qui ont été élus par les sections qui ont voté;

4° S'il n'est pas dans l'un des cas d'exclusion déterminés par l'article 18;

5° S'il n'est pas parent ou allié au degré prohibé par l'article 20 (2);

6° S'il n'est pas déjà conseiller municipal dans quelqu'autre commune.

Si le candidat qui se trouve dans ce dernier cas est, par son rang d'inscription, susceptible d'être proclamé conseiller, le président l'invitera, s'il est présent, à opter. S'il déclare opter pour la commune étrangère, on le retranchera de la liste des candidats; s'il opte pour la commune, on le maintiendra sur la liste des candidats et on le proclamera conseiller. S'il est absent, on le maintiendra sur la liste. Dans tous les cas, on fera mention au procès-verbal de ce qui aura été fait à son égard.

On indiquera au procès-verbal le nom de chaque candidat retranché et le motif de son retranchement.

Le président proclamera ensuite conseillers municipaux les premiers candidats restant, en nombre égal à celui des conseillers à élire. Si le nombre des candidats est suffisant pour compléter les élections à faire, la partie du procès-verbal destinée à constater les opérations d'un second tour de scrutin sera bâtonnée jusqu'à ces mots : *Pendant toute la durée, etc.*

---

(1) Il ne s'agit que d'écrire sur une feuille de papier les noms des candidats, et de placer à la suite de ces noms autant de traits qu'ils obtiennent de voix. — Exemple :

Martin Joseph / / / / / / /
Lenoir Philippe / / / /
Lemaire Jean / /

(2) Ce motif d'exclusion n'est pas applicable dans les communes qui ont moins de 500 ames.

Si, au contraire, les élections ne sont pas complétées, le président déclarera qu'on va procéder de suite au second tour de scrutin, ou que cette opération sera renvoyée au lendemain. Dans l'un ou l'autre cas, il prendra toutes les mesures nécessaires pour que les électeurs absens de l'assemblée soient prévenus de cette circonstance.

Les opérations du second tour de scrutin ont lieu de la même manière que celles du premier. Le président doit avoir soin de faire prêter serment aux électeurs qui n'auraient pas encore répondu à l'appel : il sera facile de les reconnaître au moyen de la feuille d'inscription des votans, attendu qu'il n'y aura aucun émargement vis-à-vis de leur nom.

Au second tour de scrutin, il suffit d'obtenir la majorité relative, et les candidats qui ont obtenu le plus de suffrages sont proclamés conseillers municipaux, quand même ils n'auraient pas réuni la moitié des suffrages exprimés.

On inscrira au procès-verbal les candidats qui ont obtenu le plus de suffrages, en nombre supérieur de cinq ou six à celui des conseillers restant à élire.

On en retranchera, ainsi que cela s'est fait au premier scrutin, ceux qui seront en dehors des limites posées par les articles 15 et 16, ou dans les cas d'empêchement prévus par les articles 17, 18 et 20.

Enfin, on proclamera ceux qui, parmi les candidats non retranchés, auront obtenu le plus de suffrages.

Après que les opérations de l'assemblée unique ou sectionnaire sont terminées, le président fait brûler les bulletins (1), et fait donner lecture du procès-verbal ; il prévient l'assemblée que, selon l'article 52, les membres qui croiraient devoir arguer de nullité ses opérations ont cinq jours après l'élection pour déposer leur réclamation à la mairie, et que ces cinq jours se comptent à partir de la fin des opérations de l'assemblée.

Dans les communes divisées en sections, les présidens des différentes assemblées remettent au maire les procès-verbaux et les pièces accessoires.

Pendant les cinq jours qui suivent les opérations d'une assemblée, le maire reçoit les réclamations contre les décisions du bureau, et celles qui tendent à annuler les opérations. Ces cinq jours doivent se compter à partir de la clôture des opérations de l'assemblée.

Après ce délai, le maire garnit le certificat qui est à la suite du procès-verbal ; il communique au président de la section les réclamations qui peuvent avoir été présentées contre les opérations de l'assemblée : si le président juge à propos de donner des explications, elles sont annexées aux réclamations.

Envoi des Pièces au Préfet.

Après les cinq jours qui suivent la clôture des opérations de la section qui a voté la dernière, le maire adresse au sous-préfet, pour être transmis au préfet,

1° Une expédition du procès-verbal de chaque section ;

2° Un exemplaire de la liste générale ;

3° La feuille d'inscription des votans ;

4° Les bulletins qui ont donné lieu à des difficultés ;

5° Les réclamations contre les opérations de l'assemblée, et les explications données par les présidens.

Le maire ajoutera à cet envoi les observations qu'il croira propres à éclairer le conseil de préfecture sur les réclamations qui ont pu être présentées.

Pour l'installation des conseillers élus, le maire attend l'avis du préfet, et l'ancien conseil reste en fonctions jusqu'à l'installation des nouveaux élus.

---

(1) Les bulletins doivent être brûlés à la fin de chaque séance.

Vérification des opérations.

Le préfet accuse réception à chaque maire du procès-verbal ou des procès-verbaux des élections de sa commune, et des pièces qui en suivent l'envoi. La date de cet accusé de réception sert à fixer l'époque à partir de laquelle se comptent les délais prescrits par les articles 51 et 52 pour le jugement des réclamations et la vérification des opérations électorales.

Ainsi, pour une commune où il n'a été formé aucune réclamation, ce délai expire quinze jours après la date de l'accusé de réception ;

Et pour celle où il a été présenté des réclamations (1), ce délai expire un mois après les quinze jours accordés au préfet pour la vérification.

Ces délais doivent être augmentés du temps nécessaire pour la notification, à raison d'un jour par trois myriamètres.

Dans sa lettre d'accusé de réception des procès-verbaux, le préfet doit en faire connaître le terme, afin qu'il n'y ait aucune incertitude pour l'époque à laquelle l'installation a lieu de plein droit, suivant le paragraphe 3 de l'article 52.

Aux termes de l'article 51, le préfet a le droit de signaler les nullités que présentent les élections des conseillers municipaux. Ce droit peut s'exercer dans les quinze jours qui suivent la réception du procès-verbal. S'il y a lieu de déférer une question de cette nature au conseil de préfecture, ou au tribunal, à l'égard d'une commune où il n'a été formé aucune réclamation, le préfet doit faire notifier son recours au maire, pour qu'il soit instruit qu'une réclamation a été formée, et qu'il doit surseoir à l'installation des conseillers jusqu'à l'expiration du mois accordé pour le jugement de la réclamation. Ce délai devra être précisé dans la notification.

Si, dans la vérification des opérations électorales des communes où il n'a été formé aucune réclamation, le préfet reconnaît que les formes et conditions ont été remplies, il invite le maire à procéder à l'installation des conseillers élus. Cet avis doit être donné au plus tard à l'expiration du terme de quinze jours fixé par l'article 51.

Jugement des Réclamations. — Compétence.

L'article 51 paragraphe 2 et l'article 52 paragraphe 1er attribuent au conseil de préfecture le jugement des questions de nullité des élections municipales, questions qui consistent, selon l'article 51, en ce que les formes et conditions légalement prescrites n'auraient pas été remplies, et suivant l'article 52, les réclamations fondées sur l'*incapacité légale* d'un ou de plusieurs des membres élus seront portées devant le tribunal de première instance de l'arrondissement, qui statuera comme il est dit à l'article 42.

Le préfet devra donc déférer, suivant le cas, au conseil de préfecture ou au tribunal le jugement des réclamations (2).

---

(1) Consignées au procès-verbal et présentées après la clôture des opérations.

(2) L'expression *incapacité légale* laisse quelque ambiguïté sur les attributions respectives des conseils de préfecture et des tribunaux de première instance : on pourrait penser, au premier abord, que toutes les questions d'éligibilité ou de capacité des élus sont de la compétence des tribunaux ; en sorte que les conseils de préfecture n'auraient à statuer que sur les formes de l'élection. Mais si l'on observe que l'article 51 charge les conseils de préfecture de prononcer sur l'observation des *conditions légalement prescrites ;* que la commission chargée en 1829 de l'examen du projet de loi primitif avait ainsi rédigé la disposition de l'article 52 : « Si la réclamation est fondée sur l'incapacité civile ou politique, etc. », on reconnaîtra que les questions remises au jugement des tribunaux sont de la nature de celles qui leur sont déférées par l'article 42, savoir : les questions de jouissance des droits civiques ou civils et les questions de domicile. Mais les conditions prescrites par la loi, et qui ne touchent pas à des questions de droit, sont susceptibles d'être appréciées par le conseil de préfecture ; par exemple, l'inscription sur la liste des électeurs et sur telle ou telle partie de cette liste (articles 12, 15 et 16), l'âge de 25 ans (art. 17), les empêchemens pour cause de parenté, d'alliance ou d'emplois incompatibles (articles 18 et 20).

Conseil de Préfecture.

Les décisions relatives aux élections sont prises par le conseil de préfecture, et non par le préfet en conseil de préfecture, comme cela a lieu en matière d'inscription sur la liste : en effet, les articles 51 et 52 disent que *le conseil....*, et non pas *le préfet en conseil*, doit statuer.

Installation.

Si, après le jugement des réclamations, le nombre des conseillers maintenus forme les trois quarts de la totalité, il doit être procédé à l'installation des nouveaux élus.

Nouvelle Convocation.

Pour le remplacement des conseillers dont l'élection est annulée par décision du conseil de préfecture, ou par jugement du tribunal, l'assemblée des électeurs doit être convoquée dans le délai de quinze jours, à dater de l'annulation.

Vacances.

Si, après que les élections sont terminées, le préfet vient à reconnaître un des empêchemens ou des incompatibilités établies par les articles 18, 19 et 20, soit que ces incompatibilités ou empêchemens existassent au moment des élections sans avoir été déférés au conseil de préfecture, soit que la position des conseillers ait changé, il doit prendre un arrêté spécial pour constater l'existence de ces cas de prohibition, et exclure les conseillers qui en sont atteints. Le préfet prendra également un arrêté spécial pour déclarer démissionnaires les conseillers qui se trouveront dans les cas prévus par l'article 26. Pour mettre le préfet à même de statuer sur les retranchemens, il est nécessaire que les maires l'informent des changemens survenus dans la position des conseillers; il est même à propos que le préfet demande, une fois l'année, des informations précises sur chaque conseiller.

Formation du Tableau des Conseillers municipaux.

Lorsque le préfet a reçu les procès-verbaux constatant l'installation des conseillers élus, il dresse à double expédition le tableau d'ordre des conseillers, Modèle *N* : une expédition est conservée à la préfecture et l'autre est adressée dans la commune pour être déposée à la mairie.

Dans les arrondissemens autres que celui du chef-lieu, l'envoi du tableau dans la commune est fait par l'intermédiaire du sous-préfet, qui en prend copie : à cet effet, il lui est adressé un cadre en blanc.

MODÈLE *A*. — NOTA. Les cadres de ce Modèle doivent être imprimés sur un quart de papier *Double-Cloche*.

DÉPARTEMENT d	FORMATION DE LA LISTE des Electeurs communaux.	CANTON d
ARRONDISSEMENT d	BULLETIN INDIVIDUEL.	COMMUNE d

Nom . . . . ***M.***
Prénoms . . . .
Profession, titres ou fonct.ˢ
Domicile réel . . . .
Date de la naissance. . . .

CALCULS.	DÉTAILS DE L'APPLICATION DES CONTRIBUTIONS.	fr. c.	OBSERVATIONS.
	1834.		Inscrit sur la partie de la Liste, N.°
	1835.		Inscrit sur la partie de la Liste, N.°

CALCULS.	DÉTAILS DE L'APPLICATION DES CONTRIBUTIONS.	fr. c.	OBSERVATIONS.
	1836.		Inscrit sur la partie de la Liste, N.°
	1837.		Inscrit sur la partie de la Liste, N.°
	1838.		Inscrit sur la partie de la Liste, N.°

DÉPARTEMENT DE LA DROME.

ARRONDISSEMENT DE MONTÉLIMAR.

La population de la Commune s'élève suivant le dernier recensement à 281 ames.

MODÈLE B. — NOTA. Les cadres de ce Modèle doivent être imprimés en 4 pages, sur papier *Royal* ou *Grand-Raisin*. L'Arrêté doit être placé à la fin de la 3e page, et la 4e doit être occupée par le Supplément et l'Avis qui le suit.

Commune de Saint-Martin.

LISTE DES ÉLECTEURS COMMUNAUX POUR 1834.

LE MAIRE de la commune de Saint-Martin, assisté du Percepteur et des Commissaires-répartiteurs, a dressé, conformément à l'article 32 de la Loi du 21 mars 1831, la Liste des Électeurs communaux de 1834, ainsi qu'il suit :

1re PARTIE. — *ÉLECTEURS CENSITAIRES.*

N.os d'ordre	NOMS.	PRÉNOMS.	PROFESSIONS, TITRES OU FONCTIONS.	DOMICILE RÉEL.	DATE de LA NAISSANCE.	CONTRIBUTIONS applicables À L'ÉLECTEUR		*OBSERVATIONS.*
1	Quenin.	Jean-Joseph.	Propriétaire.	S.t-Martin.	1er févr. 1778	350	60	
2	Belland.	Maximilien.	Memb. du cons.l g.l	S.t-Martin.	18 août 1787	304	50	
3	Xuilon.	Marc-Joseph.	Propriétaire.	Villefranche.	1er mars 1772	300	37	
~~4~~	~~Isnard.~~	~~Joseph.~~	~~Marchand.~~	~~S.t-Martin.~~	~~15 nov. 1795~~	~~277~~	~~22~~	En faillite.
5	Jardinet.	François.	Agriculteur.	S.t-Martin.	3 déc. 1789	265	91	
6	Noyer.	Jean-Baptiste.	M.d de bois.	S.t-Martin.	1er janv. 1804	241	80	
7	Voland.	Jérôme.	Ancien meunier	S.t-Martin.	15 juill. 1760	235	21	
8	Edmond.	J.-Pierre-Joseph	Moul.er en soie.	S.t-Martin.	2 mai 1799	219	90	
9	Leteillier.	Michel.	Propriétaire.	Villers.	3 juin 1782	201	47	
10	Delpech.	Bonaventure.	Agriculteur.	S.t-Martin.	2 mars 1803	190	35	
11	Grandchamp.	Georges.	Agriculteur.	Villefranche.	4 sept. 1793	185	36	
12	Ulric.	Paulin.	Propriétaire.	S.t-Martin.	3 oct. 1770	171	31	
~~13~~	~~Pascal.~~	~~Franç.-Xavier.~~	~~Meunier.~~	~~S.t-Martin.~~	~~25 mai 1784~~	~~165~~	~~49~~	Décédé.
14	Juven.	Jean-Antoine.	Agriculteur.	S.t-Martin.	15 mai 1792	150	89	
15	Elmin.	Maurice.	Agriculteur.	S.t-Paul.	1794	142	20	
16	Dupuis.	Xiste.	Propriétaire.	S.t-Martin.	4 août 1798	129	99	
~~17~~	~~Falcon~~	~~Joseph.~~	~~Cabaretier.~~	~~S.t-Martin.~~	~~2 févr. 1803~~	~~121~~	~~87~~	Ne paie plus le cens
18	Telsain.	Eugène.	Propriétaire.	S.t-Martin.	2 mars 1781	113	10	
19	Rollet.	Boniface.	Maréchal.	S.t-Martin.	14 mars 1808	111	82	
20	Tharnot.	Jean-Pierre.	Fermier.	S.t-Martin.	4 mars 1790	99	81	
21	Maltois.	Lambert.	Propriétaire.	Villers.	3 avril 1801	98	88	
22	Legrand.	Thomas.	Notaire.	S.t-Paul.	1er janv. 1800	87	41	
23	Calvier.	Jean-Vincent.	Boulanger.	S.t-Martin.	4 déc. 1797	67	50	
24	Noël.	Joseph-Pierre-Alex.re ~~Alexand. Joseph~~	Propriétaire.	S.t-Martin.	15 avril 1797	57	21	Rectific. de prénoms
25	Alvier.	Siméon.	Propriétaire.	S.t-Martin.	20 avril 1802	52	50	
~~26~~	~~Bertrand.~~	~~Pierre-Paul.~~	~~Propriétaire.~~	~~Villers.~~	~~15 juill. 1770~~	~~40~~	~~04~~	Ne paie plus le cens
27	Saussac.	Jérémie.	Propriétaire.	Villefranche.	13 mars 1784	34	19	
28	Quesnoi.	Martin.	Propriétaire.	S.t-Martin.	4 avril 1799	30	07	
29	Duroc.	Jean-Baptiste.	Tailleur.	S.t-Martin.	15 mars 1800	33	24	Il a justifié de ses droits
30	Allain.	Théodore.	Notaire.	S.t-Martin.	1er nov. 1793	34	67	*Idem.*
31	Rolland.	Joseph-Etienne	Propriétaire.	S.t-Martin.	17 mai 1801	24	68	Inscrit pour compléter la liste.
~~32~~	~~Floriel.~~	~~Alexandre.~~	~~Agriculteur.~~	~~S.t-Paul.~~	~~15 avril 1803~~	~~24~~	~~60~~	*Idem.* Excédant le nombre fixé par la Loi.
33	Falcon.	Joseph.	Cabaretier.	S.t-Martin.	2 févr. 1803	36	20	Inscrit par jug. du trib.
			2e PARTIE. — *ÉLECTEURS QUALIFIÉS.*					
1	Hector.	Urbain.	Agriculteur.	S.t-Martin.	2 nov. 1801	23	10	Offi.r de la garde nat.le
2	Sedillon.	Marc-Joseph.	Médecin.	S.t-Martin.	3 juin 1798	18	20	Docteur en médecine domicilié depuis plus de 3 ans.
~~3~~	~~Ximmer.~~	~~Alexis.~~	~~Agriculteur.~~	~~S.t-Martin.~~	~~12 sept. 1790~~	~~15~~		Memb. du bureau de bienf.ce Il a quitté ces fonctions.

N.os d'ordre	NOMS.	PRÉNOMS.	PROFESSIONS, TITRES OU FONCTIONS.	DOMICILE RÉEL.	DATE de LA NAISSANCE.	CONTRIBUTIONS applicables A L'ÉLECTEUR		OBSERVATIONS.
4	Peloux.	Jean-Eugène.	Propriétaire.	S.t-Martin.	25 mars 1814	14	30	Offi.r de la garde nat.le
~~5~~	~~Allain.~~	~~Théodore.~~	~~Notaire.~~	~~S.t-Martin.~~	~~1er nov. 1793~~	~~13~~	~~11~~	Notaire ayant plus de 3 ans d'exercice et de domicile dans la commune. Porté sur la 1re partie.
6	Hardy.	Honoré.	Propriétaire.	S.t-Martin.	14 juill. 1789	10	07	Electeur du collége d'arr.t
~~7~~	~~Astruc.~~	~~Nicolas.~~	~~Maçon.~~	~~S.t-Martin.~~	~~14 mars 1805~~			Offi.r de la garde nat.le Il a quitté la commune.
8	Anthelme.	François.	Propriétaire.	S.t-Martin.	20 mars 1798	5	»	Nommé membre du bureau de bienfaisance.
			3e PARTIE. — *CENSITAIRES ADJOINTS*					
			Pour compléter le nombre de 30 domiciliés.					
~~1~~	~~Rolland.~~	~~Joseph-Etienne.~~	~~Propriétaire.~~	~~S.t-Martin.~~	~~17 mai 1801~~	~~24~~	~~68~~	Porté sur la 1re partie.
2	Ullin.	Marc-Antoine.	Chaufournier.	S.t-Martin.	4 août 1785	24	50	
3	Gregoire.	Jean-Baptiste.	Bourrelier.	S.t-Martin.	15 mars 1802	22	16	
4	Meslin.	Antoine.	Agriculteur.	S.t-Martin.	21 mars 1778	22	01	Inscrit pour compléter les 30 domiciliés.
5	Osmond.	Georges.	Agriculteur.	S.t-Martin.	15 avril 1794	21	05	*Idem.*
~~6~~	~~Volcain.~~	~~Jean-Rémi.~~	~~Cordonnier.~~	~~S.t-Martin.~~	~~21 août 1795~~	~~19~~	~~41~~	*Idem.* Excédant le nombre de 30 domiciliés.

En conséquence, le nombre des Électeurs communaux, pour l'année 1834, est provisoirement arrêté à *trente-huit*, savoir : 28 Électeurs censitaires, 7 Électeurs qualifiés et 3 censitaires adjoints.

Fait à Saint-Martin, le 6 janvier 1834.

Les Commissaires-répartiteurs, *Le Percepteur*, *Le Maire*,

***SUPPLÉMENT** ou Liste des Contribuables les plus imposés qui sont susceptibles d'être inscrits sur la Liste des Électeurs censitaires, en remplacement de ceux qui pourront en être retranchés avant le **31** mars, époque de la clôture définitive.*

N.os d'ordre	NOMS.	PRÉNOMS.	PROFESSIONS, TITRES OU FONCTIONS.	DOMICILE RÉEL.	DATE de LA NAISSANCE.	CONTRIBUTIONS applicables A L'ÉLECTEUR		OBSERVATIONS.
~~1~~	~~Floriel.~~	~~Alexandre.~~	~~Agriculteur.~~	~~Saint-Paul.~~	~~15 avril 1803~~	~~24~~	~~60~~	Porté sur la 1re partie.
~~2~~	~~Meslin.~~	~~Antoine.~~	~~Agriculteur.~~	~~S.t-Martin.~~	~~21 mars 1778~~	~~22~~	~~01~~	Porté sur la 3e partie.
~~3~~	~~Osmond.~~	~~Georges.~~	~~Agriculteur.~~	~~S.t-Martin.~~	~~25 avril 1794~~	~~21~~	~~05~~	*Idem.*
~~4~~	~~Volcain.~~	~~Jean-Rémi.~~	~~Cordonnier.~~	~~S.t-Martin.~~	~~21 août 1793~~	~~19~~	~~41~~	*Idem.*
5	Lefebvre.	Pierre.	Épicier.	S.t-Martin.	30 sept. 1805	19	30	
6	Dumas.	Jean-Baptiste.	Serrurier.	S.t-Martin.	1er août 1791	19	03	
7	Ingler.	Casimir.	Propriétaire.	Saint-Paul.	1801	18	90	
8	Keller.	Joseph.	Agriculteur.	S.t-Martin.	17 août 1781	18	12	
9	Ortal.	J.-Bap.te-Franç.	Propriétaire.	Villers.	28 mars 1792	17	25	

AVIS.

Tout Citoyen non inscrit sur la Liste des Électeurs communaux et qui croit avoir droit à y être porté, peut, pendant un mois, présenter au Maire une demande en inscription.

Tout Électeur inscrit sur la Liste peut, dans le même délai, demander sa radiation ou celle de tout autre Électeur qu'il croirait indûment porté.

Les demandes en rectification de cens, de noms, prénoms, etc., doivent être présentées dans le même délai.

Le délai pour la présentation des réclamations expire le 7 février prochain.

Les réclamations doivent être accompagnées de pièces justificatives.

DÉPARTEMENT
DE LA DROME.

ARRONDISSEMENT
DE MONTÉLIMAR.

COMMUNE
DE SAINT-MARTIN.

MODÈLE *C.* — NOTA. Il n'est pas absolument nécessaire de faire imprimer des cadres de ce Modèle.

LISTE DES ÉLECTEURS COMMUNAUX POUR 1834.

1er Tableau de Rectification.

LE MAIRE de la Commune de Saint-Martin, en comité municipal;

Vu la Loi du 21 mars 1831, et la Liste des Électeurs communaux publiée le 8 janvier dernier;

Vu les Décisions que nous avons prises, en comité municipal, sur les réclamations qui nous ont été présentées;

ARRÊTE :

Il sera fait aux différentes parties de la Liste des Électeurs communaux ci-dessus mentionnés les additions, retranchemens et rectifications dont le détail suit :

1re PARTIE.

ADDITIONS. Ajouter le sieur Duroc Jean-Baptiste, attendu qu'il a justifié de ses droits.
Ajouter le sieur Allain Théodore, attendu qu'il a justifié de ses droits.
Ajouter le sieur Rolland Joseph-Étienne, pour compléter la Liste.
Ajouter le sieur Floriel Alexandre, pour compléter la liste.

RETRANCHEMENS. Retrancher le sieur Isnard, N.° 4, attendu qu'il est en faillite.
Retrancher le sieur Pascal, N.° 13, attendu qu'il est décédé.
Retrancher le sieur Falcon, N.° 17, attendu qu'il ne paie plus le cens.
Retrancher le sieur Bertrand, N.° 26, attendu qu'il ne paie plus le cens.

2e PARTIE.

ADDITIONS. Ajouter le sieur Anthelme, membre du bureau de bienfaisance.

RETRANCHEMENS. Retrancher le sieur Ximmer, N.° 3, attendu qu'il n'est plus membre du bureau de bienfaisance.
Retrancher le sieur Allain, N.° 5, attendu qu'il est porté sur la première partie.
Retrancher le sieur Astruc, N.° 7, attendu qu'il a quitté la commune.

3e PARTIE.

ADDITIONS. Ajouter le sieur Meslin Antoine, pour compléter les trente domiciliés.
Ajouter le sieur Osmond Georges, pour compléter les trente domiciliés.
Ajouter le sieur Volcain Jean-Rémi, pour compléter les trente domiciliés.

RETRANCHEMENS. Retrancher le sieur Rolland, N.° 1, attendu qu'il est porté sur la première partie.

RECTIFICATIONS.

Première partie. N.° 24. Noël Jean-Pierre-Alexandre, *au lieu de* Alexandre-Joseph.

En conséquence, le nombre des Électeurs communaux de 1834 est provisoirement arrêté à *trente-huit*, savoir : 28 Électeurs censitaires, 5 Électeurs qualifiés et 5 censitaires adjoints.

Fait à Saint-Martin, le 16 février 1834.

Les Conseillers municipaux délégués, *Le Maire,*

DÉPARTEMENT
DE LA DROME.

ARRONDISSEMENT
DE MONTÉLIMAR.

COMMUNE
DE SAINT-MARTIN.

MODÈLE *D*. — NOTA. Il n'est pas absolument nécessaire de faire imprimer des cadres de ce Modèle.

CLOTURE
DE LA LISTE DES ÉLECTEURS COMMUNAUX POUR 1834.

2e Tableau de Rectification.

LE MAIRE de la Commune de Saint-Martin, en comité municipal;

Vu la Loi du 21 mars 1831;

Vu la Liste des Électeurs communaux et le premier Tableau de rectification, publiés les 8 janvier et 16 février derniers;

Vu les Arrêtés de M. le Préfet en Conseil de Préfecture, et les Jugemens du Tribunal sur les réclamations qui leur ont été déférées;

Vu les Décisions que nous avons prises en comité municipal, pour l'exécution desdits Arrêtés et Jugemens;

ARRÊTE:

Il sera fait à la Liste des Électeurs communaux ci-dessus mentionnée les additions, retranchemens et rectifications dont le détail suit:

1re PARTIE.

ADDITIONS. Ajouter le sieur Falcon Joseph, en exécution du jugement du tribunal.

RETRANCHEMENS. Retrancher le sieur Floriel, N.° 32, comme le moins imposé des Électeurs censitaires, attendu qu'il excède le nombre fixé par la Loi (1).

2e PARTIE.

NÉANT.

3e PARTIE.

RETRANCHEMENS. Retrancher le sieur Volcain, N.° 6, attendu qu'il excède le nombre de trente domiciliés.

En conséquence, le nombre des Électeurs communaux de 1834 est définitivement fixé à *trente-sept*, savoir : 28 Électeurs censitaires, 5 Électeurs qualifiés et 4 censitaires adjoints.

Fait à Saint-Martin, le 31 mars 1834.

Les Conseillers municipaux délégués, *Le Maire,*

(1) Le sieur Floriel ne passe pas dans la 3e partie attendu qu'il n'est pas domicilié.

DÉPARTEMENT DE LA DROME.

ARRONDISSEMENT DE MONTÉLIMAR.

MODÈLE *E.* — Les cadres de ce Modèle doivent être imprimés en 2 pages, sur un quart de papier *Double-Cloche.*

FORMATION DE LA LISTE

des Électeurs communaux de 1834.

FEUILLE D'INFORMATIONS.

Commune de Saint-Martin.

	Réponses du Maire.
1° La Liste des Electeurs communaux de 1834 a-t-elle été publiée le 8 janvier?	Oui.
2° Combien comprend-elle d'inscriptions dans la 1re partie?	28.
dans la 2e partie?	7. (38.)
dans la 3e partie?	3.
dans le supplément?	5. (*)
3° Combien y a-t-il dans la première partie d'Électeurs *non domiciliés* dans la commune?	8.
4° Quel est le nombre des réclamations présentées depuis la publication?	11.
5° Ces réclamations ont-elles été jugées, et les décisions notifiées aux parties dans les huit jours qui ont suivi leur présentation respective?	Oui.
6° Le 1er tableau de rectification a-t-il été publié et affiché le 16 février?	Oui.
7° Quels sont les résultats dudit tableau?	
1re Partie. Additions.	4, dont 1 non domicilié.
1re Partie. Retranchemens.	4, dont 1 non domicilié.
2e Partie. Additions.	1.
2e Partie. Retranchemens.	3.
3e Partie. Additions.	3.
3e Partie. Retranchemens.	1.

8° Quelles sont les difficultés que M. le Maire a rencontrées dans le travail de la formation des Listes, et quels sont les points sur lesquels il demande des éclaircissemens?

(Dans le cas où la Liste n'aurait pu être complétée par défaut d'un nombre suffisant de contribuables, le Maire le constaterait ici.)

Certifié à Saint-Martin, le 16 février 1834.

Le Maire,

(*) En retranchant ce nombre 8 des 38 inscriptions dont se compose la Liste, on trouve 30, nombre de *non domiciliés* voulu par la Loi.

MODÈLE *F*. — N.° 1.

NOTA. Ce N.° et les suivans, formant le Modèle *F*, représentent la collection des Bulletins Modèle *A* dressés pour la formation de la Liste de la commune de Saint-Martin, et placés par ordre décroissant des contributions. — Il était inutile de reproduire les détails des Bulletins autres que ceux qui sont relatifs à l'application des contributions pour 1834.

DÉPARTEMENT DE LA DROME.	FORMATION DE LA LISTE **des Electeurs communaux.**	CANTON DE SAINT-PAUL.
ARRONDISSEMENT DE MONTÉLIMAR.	**BULLETIN INDIVIDUEL.**	COMMUNE DE SAINT-MARTIN.

Nom. . . . . *M. QUENIN, etc.*

CALCULS.	DÉTAILS DE L'APPLICATION DES CONTRIBUTIONS.	fr. c.	OBSERVATIONS.
	1834. Sa cote, article 50, sans déduction	350 60	Inscrit sur la 1re partie de la Liste, N.° 1.
Contrib. fonc . . 302f 40c Le 1/4 . . . . . . 75 60	N.° 2. *M. BELLAND, etc.* Sa cote, article 6 . . . . A déduire le 1/4 de la contribution foncière pour donation à son fils, ci . . . . RESTE	 380 10 75 60 304 50	Inscrit sur la 1re partie de la Liste, N.° 2.
Revenu matriciel . 40f 40c Centime-le-franc . 24 33 121 20 1212 0 16160 8080 f c 98293 20	N.° 3. *M. XUILON, etc.* Sa cote, article 70 . . . . A déduire la contribution foncière afférente à une propriété vendue au sieur Martin, en raison d'un revenu matriciel de 40f 40c, ci. . . . . RESTE	 310 20 9 83 300 37	Inscrit sur la 1re partie de la Liste, N.° 3.
Revenu matriciel . 25f 32c Centime-le-franc . 24 33 75 96 759 6 10128 5064 61603 56 f c La 1/2. . . 308	N.° 4. *M. ISNARD, etc.* Sa cote, article 25 . . . . A déduire la 1/2 de la contribution foncière afférente à une propriété indivise avec son frère, en raison d'un revenu matriciel de 25f 32c, ci . . . . RESTE	 280 30 3 08 277 22	Inscrit sur la 1re partie de la Liste, N.° 4. Retranché par décision du Maire, attendu qu'il est en faillite. (*Voir le 1er Tableau de rectification.*)
	N.° 5. *M. JARDINET, etc.* Sa cote, article 30 . . . . A déduire la contribution afférente à 5 portes et fenêtres d'une maison louée au sieur Faure, ci. . . . . RESTE	 270 30 4 39 265 91	Inscrit sur la 1re partie de la Liste, N.° 5.

		fr. c.	
	N.° 6.		Inscrit sur la 1re partie de la Liste, N.° 6.
	M. NOYER, etc.		
	Sa cote, article 41	260 20	
	A déduire le total de la patente, attendu qu'il n'a commencé d'exercer la profession de marchand que postérieurement au 31 mars 1833, ci	18 40	
	Reste	241 80	
	N.° 7.		Inscrit sur la 1re partie de la Liste, N.° 7.
	M. VOLAND, etc.		
	Sa cote, article 63	250 32	
	A déduire le montant de la patente, attendu qu'il n'exerce plus, ci	15 11	
	Reste	235 21	
Patente . . . . . . 40f 60c La 1/2. . . . . . . 20 30	**N.° 8.**		Inscrit sur la 1re partie de la Liste, N.° 8.
	M. EDMOND, etc.		
	Sa cote, article 12	240 20	
	A déduire la 1/2 de la patente à la charge de son associé, ci	20 30	
	Reste	219 90	
Article 31 . . . . 102f 34c La moitié 51 17	**N.° 9.**		Inscrit sur la 1re partie de la Liste, N.° 9.
	M. LETEILLIER, etc.		
	Sa cote, article 32	150 30	
	Plus la 1/2 de l'article 31 indivis avec sa sœur, ci . . .	51 17	
	Total	201 47	
	N.° 10.		Inscrit sur la 1re partie de la Liste, N.° 10.
	M. DELPECH, etc.		
	Sa cote, article 9	110 20	
	Plus la cote de sa mère, article 13, par délégation, ci .	80 15	
	Total	190 35	
Contrib. fonc.. . 120f 30c La 1/2 . . . . . . 60 15	**N.° 11.**		Inscrit sur la 1re partie de la Liste, N.° 11.
	M. GRANDCHAMP, etc.		
	Sa cote, article 21	105 21	
	Plus la cote de sa mère, article 22, par délégation, ci. .	140 30	
	Total	245 51	
	A déduire sur cette dernière cote la 1/2 de la contribution foncière pour donation à madame N...., sa fille, ci .	60 15	
	Reste	185 36	

		fr. c.	
Revenu matriciel. 320f 50c Centime-le-franc. 24 33 961 50 9615 0 128200 64100 779776 50 Le 1/4. . . 1949	**N.° 12.** *M. ULRIC, etc.* Sa cote, article 62 . . . . A déduire le 1/4 de la contribution foncière afférente aux propriétés de sa femme décédée, pour la portion héréditaire d'un enfant majeur, lesquelles propriétés ont un revenu matriciel de 320f 50c, ci . . . . Reste . . . . . . Nota. Ce cas ne se présente que lorsque le contribuable est veuf.	 190 80 19 49 171 31	Inscrit sur la 1re partie de la Liste, N.° 12.
Revenu matriciel. 62f 20c Centime-le-franc. 24 33 186 60 1866 0 24880 12440 151332 60	**N.° 13.** *M. PASCAL, etc.* Sa cote, article 47 . . . . Plus la contribution foncière afférente à une propriété ayant un revenu matriciel de 62f 20c, acquise du sieur Thomas, ci . . . . Total	 150 36 15 13 165 49	Inscrit sur la 1re partie de la Liste, N.° 13. Retranché par décision du Maire, attendu qu'il est décédé.
Cont. f.re du père 122f 10c Le 1/4 . . . . . . 30 52	**N.° 14.** *M. JUVEN, etc.* Sa cote, article 29 . . . . Plus le 1/4 de la contribution foncière de son père, article 28 du rôle, par donation, ci. . . . . Total	 120 37 30 52 150 89	Inscrit sur la 1re partie de la Liste, N.° 14.
Contrib. fonc. . . 426f 60c Le 1/3 . . . . 142 20	**N.° 15.** *M. ELMIN, etc.* Le 1/3 de la contribution foncière du sieur Henri, son oncle, décédé, article 14 du rôle, par succession, ci .	 142 20	Inscrit sur la 1re partie de la Liste, N.° 15.
Revenu matriciel 125f 40c Centime-le-franc. 24 33 376 20 3762 0 50160 25080 305098 20	**N.° 16.** *M. DUPUIS, etc.* Sa cote, article 10 . . . . A déduire la contribution foncière afférente aux propriétés de sa femme séparée de corps, lesquelles propriétés ont un revenu matriciel de 125f 40c, ci . . . . Reste	 160 50 30 51 129 99	Inscrit sur la 1re partie de la Liste, N.° 16.
Total de l'art. 15. 162f 50c Le 1/4 . . . . . . 40 62 La 1/2 . . . . . . 81 25	**N.° 17.** *M. FALCON, etc.* Le 1/4 par succession de la cote de son père, article 15 du rôle . . . . La 1/2 du même article par délégation de sa mère, ci . Total	 40 62 81 25 121 87	Inscrit sur la 1re partie de la Liste, N.° 17. Retranché par décision du Maire, attendu qu'il ne paie plus le cens. Inscrit de nouveau au N.° 33 de la 1re partie, par jugement du tribunal, avec un cens de 36f 20c.

N.° 18.

M. TELSAIN, etc.

	fr. c.
Sa cote, article 59	110 60
Plus la contribution afférente aux trois portes et fenêtres de la maison qu'il occupe	2 50
Total.	113 10

Inscrit sur la 1re partie de la Liste, N.° 18.

N.° 19.

M. ROLLET, etc.

	fr. c.
Sa cote, article 51.	102 80
Plus la contribution afférente aux portes et fenêtres de la maison qu'il occupe, savoir :	
1 porte cochère.	2 30
6 portes et fenêtres, à 1f 12c	6 72
Total.	111 82

Inscrit sur la 1re partie de la Liste, N.° 19.

N.° 20.

Le revenu mat.l du domaine exploité est de . 610f 42c
Centime-le-franc. 24 33

1831 26
18312 6
244168
122084

1485151 86

Le 1/3. . . 49f 50c

M. THARNOT, etc.

	fr. c.
Sa cote, article 57	50 31
Le 1/3 de la contrib. foncière du domaine de M. Jouve, qu'il exploite comme fermier, ci.	49 50
Total.	99 81

Nota. L'application au fermier du 1/3 de la contribution du domaine qu'il exploite, ne doit être faite que lorsqu'il existe un bail authentique.

Inscrit sur la 1re partie de la Liste, N.° 20.

N.° 21.

Revenu matriciel. 140f 50c
Centime-le-franc. 24 33

421 50
4215 0
56200
28100

341836 50

Revenu matriciel. 125 60
Centime-le-franc. 24 33

376 80
3768 0
50240
25120

305584 80

M. MALTOIS, etc.

	fr. c.
Sa cote, article 37	102 50
A déduire la contribution foncière afférente à une propriété ayant un revenu matriciel de 140f 50c, vendue au sieur Simon, ci	34 18
Reste.	68 32
A ajouter la contribution foncière afférente à une propriété ayant un revenu matriciel de 125f 60c, acquise du sieur Jérôme, ci.	30 56
Total.	98 88

Inscrit sur la 1re partie de la Liste, N.° 21.

N.° 22.

M. LEGRAND, etc.

	fr. c.
Sa cote, article 33	78 31
Plus la cote article 22, sous le nom de Mathieu, par acquisition	9 10
Total.	87 41

Inscrit sur la 1re partie de la Liste, N.° 22.

		fr. c.	
	N.° 23. *M. CALVIER, etc.* Sa cote, article 7. . . . . Plus la contribution foncière imposée au nom du sieur Gaspard, article 20, par succession . . . . TOTAL.	50 40 17 10 67 50	Inscrit sur la 1re partie de la Liste, N.° 23.
	N.° 24. *M. NOEL, etc.* Sa cote, article 39. . . . . Plus la cote article 19, imposée au nom du sieur Michel, attendu que la propriété y donnant lieu appartient par succession au fils mineur du sieur Noël . . . . TOTAL.	47 20 10 01 57 21	Inscrit sur la 1re partie de la Liste, N.° 24.
Contrib. fonc . . 231f 50c Le 1/5 . . . . . . 46 30	**N.° 25.** *M. ALVIER, etc.* Le 1/5 de la contribution foncière imposée à l'article 2 au nom de son père, par succession. . . . . Le total de la contribution des portes et fenêtres de la même cote, attendu qu'il occupe la maison appartenant à l'hoirie . . . . TOTAL.	46 30 6 20 52 50	Inscrit sur la 1re partie de la Liste, N.° 25.
	N.° 26. *M. BERTRAND, etc.* Sa cote, article 5.	40 04	Inscrit sur la 1re partie de la Liste, N.° 26. Retranché par décision du Maire, attendu qu'il ne paie plus le cens.
	N.° 27. *M. SAUSSAC, etc.* Sa cote, article 54.	34 19	Inscrit sur la 1re partie de la Liste, N.° 27.
	N.° 28. *M. QUESNOI, etc.* Sa cote, article 49. . . . . NOTA. Ce Bulletin est le dernier qui est employé pour la 1re partie de la Liste. Pour la formation de la 2e partie, il n'y a qu'à retirer des Bulletins non employés ceux qui sont relatifs à des Electeurs qualifiés, et à les transcrire; tels sont les Bulletins N.os 32, 40, 44, 45, 46, 47 et 48.	30 07	Inscrit sur la 1re partie de la Liste, N.° 28.
	N.° 29. *M. ROLLAND, etc.* Sa cote, article 52. . . . . Comme il y a lieu de former une 3e partie, le sieur Rolland y est inscrit au N.° 1; s'il n'y avait pas de 3e partie, il ne serait porté qu'au supplément.	24 68	Inscrit sur la 3e partie de la Liste, N.° 1. Inscrit au N.° 31 de la 1re partie, pour la compléter. *(Décision du Maire.)*

		fr. c.	
	N.° 30. *M. FLORIEL, etc.* Sa cote, article 17 . . . . Le sieur Floriel ne peut être inscrit sur la 3e partie, attendu qu'il n'est pas domicilié dans la commune; il est inscrit au N.° 1er du supplément.	24 60	Inscrit sur la partie de la Liste, N.° 1 du supplém.t Inscrit au N.° 32 de la 1re partie pour la compléter. (*Décis. du Maire*) Retranché de la 1re partie, comme excédant le nombre. (*Décision du Maire.*)
Revenu matriciel . 16^{f} 49^{c} Centime-le-franc . 24 33 49 47 494 7 6596 3298 f c 40020 17	**N.° 31.** *M. ULLIN, etc.* Sa cote, article 61 . . . . Plus la contribution foncière afférente à une propriété ayant un revenu matriciel de 16^{f} 49^{c} acquise du sieur Guillaume . . . . Total	20 50 4 » 24 50	Inscrit sur la 3e partie de la Liste, N.° 2.
	N.° 32. *M. HECTOR, etc., officier de la garde nationale.* Sa cote, article 24	23 10	Inscrit sur la 2e partie de la Liste, N.° 1, en qualité d'officier de la garde nationale.
Revenu matriciel . 20^{f} 40^{c} Centime-le-franc . 24 33 61 20 612 0 8160 4080 f c 49633 20	**N.° 33.** *M. GREGOIRE, etc.* Sa cote, article 18 . . . . A déduire la contrib. fonc. afférente à une propriété ayant un revenu matriciel de 20^{f} 40^{c}, vendue au S.r Jean, ci. Reste . . . . . . Dernier Bulletin inscrit sur la 3e partie, pour compléter les 30 domicil.	27 12 4 96 22 16	Inscrit sur la 3e partie de la Liste, N.° 3.
	N.° 34. *M. MESLIN, etc.* Sa cote, article 35	22 01	Inscrit sur la partie de la Liste, N.° 2 du supplém.t
	N.° 35. *M. OSMOND, etc.* Sa cote, article 42.	21 05	Inscrit sur la partie de la Liste, N.° 3 du supplém.t
	N.° 36. *M. VOLCAIN, etc.* Sa cote, article 67 . . . . Plus la cote de sa belle-mère, article 34, par délégation. Total.	10 20 9 21 19 41	Inscrit sur la partie de la Liste, N.° 4 du supplém.t
	N.° 37. *M. LEFEBVRE, etc.* Sa cote, article 31 . . . . Dernier Bulletin employé pour le supplément.	19 30	Inscrit sur la partie de la Liste, N.° 5 du supplém.t

		fr. c.	
	N.° 38. *M. DUMAS, etc.* Sa cote, article 11 . . . . 1er Bulletin non employé pour la formation de la Liste publiée le 8 janvier. Le 15 février, à la formation du 1er tableau de rectification, il a été ajouté au supplément. Il en est de même des Bulletins N.os 39, 41, 42.	19 03	Inscrit sur la partie de la Liste, N.° 6 du supplém.t
	N.° 39. *M. INGLER, etc.* Sa cote, article 27 . . . . 2e Bulletin non employé. (Voir la note insérée au Bulletin N.° 38.)	18 90	Inscrit sur la partie de la Liste, N.° 7 du supplém.t
	N.° 40. *M. SEDILLON, etc., docteur en médecine.* Sa cote, article 56	18 20	Inscrit sur la 2e partie de la Liste, N.° 2, en qualité de docteur en médec. domicilié depuis plus de 3 ans.
	N.° 41. *M. KELLER, etc.* Sa cote, article 31 . . . . 3e Bulletin non employé. (Voir la note insérée au Bulletin N.° 38.)	18 12	Inscrit sur la partie de la Liste, N.° 8 du supplém.t
	N.° 42. *M. ORTAL, etc.* Sa cote, article 44 . . . . 4e Bulletin non employé. (Voir la note insérée au Bulletin N.° 38.)	17 25	Inscrit sur la partie de la Liste, N.° 9 du supplém.t
	N.° 43. *M. DUCHÈNE, etc.* Sa cote, article 10 . . . . 5e Bulletin non employé.	16 12	Inscrit sur la partie de la Liste, N.°
Contrib. foncière. 10f 20c La 1/2. . . . . . . 5 10	**N.° 44.** *M. XIMMER, etc., membre du bureau de bienf.ce.* Sa cote, article 68 . . . . A déduire la 1/2 de la contribution foncière, pour donation à son fils, ci . . . . Reste.	20 10 5 10 15 »	Inscrit sur la 2e partie de la Liste, N.° 3, en qualité de membre du bureau de bienfaisance. Retranché par décis. du Maire, attendu qu'il a quitté les fonctions ci-dessus énoncées.
	N.° 45. *M. PELOUX, etc., officier de la garde nationale.* Sa cote, article 48 . . . . Le sieur Peloux n'a pas encore 21 ans à l'époque de la formation de la Liste, mais sa 21e année sera accomplie avant le 31 mars suivant, époque de la clôture.	14 30	Inscrit sur la 2e partie de la Liste, N.° 4, en qualité d'officier de la garde nationale.

		fr. c.	
	N.° 46. *M. ALLAIN, etc., notaire.* Sa cote, article 1er . . . . A ajouter, sur sa réclamation, la contribution afférente à un revenu matriciel de 84f 50c, pour des propriétés qui lui sont échues en partage dans la succession de son oncle, ci . . . . Total.	 13 11 21 56 34 67	Inscrit sur la 2e partie de la Liste, N.° 5, en qualité de notaire ayant plus de 5 ans d'exercice et de domicile dans la commune. Inscrit au N.° 30 de la 1re partie, par décision du Maire.
	N.° 47. *M. HARDY, etc., électeur du collége d'arrond.t* Sa cote, article 22	 10 07	Inscrit sur la 2e partie de la Liste, N.° 6, en qualité d'électeur du collége d'arrond.t.
	N.° 48. *M. ASTRUC, etc., officier de la garde nationale.* Non cotisé.	 » »	Inscrit sur la 2e partie de la Liste, N.° 7, en qualité d'officier de la garde nationale. Retranché par décis. du Maire, attendu qu'il a quitté la commune.
Revenu matriciel . 58f 40c Centime-le-franc . 24 33 175 20 1752 0 23360 11680 f c 142087 20	**N.° 49.** *DUROC, etc.* Sa cote, article 11. Plus la contribution foncière afférente à une propriété ayant un revenu de 58f 40c, acquise par succession, ci. Total. . . . . . Nouveau Bulletin employé au 1er tableau de rectification.	 19 03 14 21 33 24	Inscrit sur la 1re partie de la Liste, N.° 29, par décision du Maire.
	N.° 50. *M. ANTHELME, etc., membre du bureau de bienfaisance.* Nouveau Bulletin relatif à un Électeur admis sur sa réclamation.		Inscrit sur la 2e partie de la Liste, N.° 8, en qualité de membre du bureau de bienf.ce, par décision du Maire.

MODÈLE *G*, du N.° 1 au N.° 21.

DÉPARTEMENT DE LA DROME.

ARRONDISSEMENT DE MONTÉLIMAR.

COMMUNE DE SAINT-MARTIN.

N.° 1.

Décision qui rejette une demande en inscription sur la 1re partie de la Liste.

FORMATION DE LA LISTE DES ÉLECTEURS COMMUNAUX POUR 1834.

LE MAIRE de la Commune de Saint-Martin, en comité municipal, présens MM. Belland, Edmond et Ulric, Conseillers municipaux délégués ;

Vu la Loi du 21 mars 1831 ;

Vu la Liste des Électeurs communaux publiée le 8 janvier dernier ;

Vu la demande en inscription sur la première partie de ladite Liste, présentée, le 10 de ce mois, par le sieur Reymond Joseph, charron, habitant dans cette Commune ;

Vu les extraits de rôles produits par le réclamant pour justifier des contributions dont il demande l'application, savoir :

1° Le total de l'article 60 du rôle imposé en son nom, ci 20f 10c

2° La contribution foncière afférente à une propriété acquise du sieur Préval, en raison d'un revenu matriciel de 43f 15c, ci 10 40c

TOTAL . . . 30f 50c

Vu l'acte de vente qui constate cette acquisition ;

Vu l'extrait de la matrice cadastrale qui établit le revenu matriciel de la propriété acquise ;

Considérant que dans la somme ci-dessus de 20f 10c imposée au nom du réclamant, se trouve comprise celle de 15f, montant de sa patente ;

Considérant que le sieur Reymond n'est imposé à cette contribution que depuis la présente année, et qu'aux termes de l'article 7 de la Loi du 19 avril 1831, la patente ne peut compter que lorsqu'elle aura été prise et l'industrie exercée un an avant la clôture de la Liste ;

Considérant qu'en retranchant du total ci-dessus le montant de la patente, les contributions applicables au réclamant se trouvent réduites à 15f 50c, somme inférieure au cens du moins imposé des Électeurs portés sur la Liste ;

Ouï les Conseillers municipaux délégués ;

ARRÊTE CE QUI SUIT :

La demande présentée par le sieur Reymond Joseph, charron, habitant dans cette Commune, est rejetée.

La présente Décision sera immédiatement notifiée au réclamant, qui demeure prévenu que, dans le cas où il se croirait fondé à la contester, il peut en appeler devant le Tribunal, ou, suivant le cas, devant le Préfet en Conseil de préfecture, conformément aux articles 36 et 42 de la Loi municipale.

Il est également prévenu que le recours devant le Tribunal doit s'exercer dans les 10 jours qui suivent la notification, et le recours devant le Préfet en Conseil de préfecture, dans les 15 jours.

Fait à Saint-Martin, le 15 janvier 1834.

Les Conseillers municipaux délégués, *Le Maire,*

DÉPARTEMENT, etc. FORMATION DE LA LISTE DES ÉLECTEURS COMMUNAUX POUR 1834.

N.° 2.

Décision qui admet une demande en inscription sur la 1re partie de la Liste.

Le MAIRE, etc. ; Vu la Loi, etc. ; Vu la Liste, etc. (comme au N.° 1) ;

Vu la demande en inscription sur la première partie de ladite Liste, présentée, le 15 janvier 1834, par le sieur Duroc Jean-Baptiste, tailleur à Saint-Martin ;

Vu les extraits de rôles produits par le réclamant, pour justifier des contributions dont il demande l'application, savoir :

1° Le total de l'article 11 du rôle, imposé en son nom, ci. 19f 03c

2° La contribution foncière afférente à une propriété dont son épouse a hérité, en raison d'un revenu matriciel de 58f 40c, ci 14 21

TOTAL . . . 33 24

Vu l'extrait de la matrice cadastrale qui établit le revenu matriciel de ladite propriété ;

Considérant qu'il est de notoriété publique que l'épouse du réclamant a hérité de cette propriété ;

Considérant que la somme de 33f 24c ci-dessus établie est supérieure à celle qui forme le cens du moins imposé des Électeurs portés sur la Liste des censitaires ;

Ouï, etc. (comme au N.° 1) ;

ARRÊTE CE QUI SUIT :

Le nom du sieur Duroc Jean-Baptiste, tailleur à Saint-Martin, sera inscrit avec un cens de 33f 24c sur la Liste des Électeurs censitaires de la Commune pour 1834.

Fait à Saint-Martin, le 20 janvier 1834.

Les Conseillers municipaux délégués, *Le Maire,*

DÉPARTEMENT, etc. FORMATION DE LA LISTE DES ÉLECTEURS COMMUNAUX POUR 1834.

N.° 3.

Décision qui rejette une demande en inscription sur la 1re partie, présentée par un Électeur qualifié.

Le MAIRE, etc. ; Vu la Loi, etc. ; Vu la Liste, etc. ;

Vu la demande en inscription sur la première partie de ladite Liste, présentée, le 22 de ce mois, par le sieur Hector Urbain, agriculteur, porté au N.° 1 de la deuxième partie, en sa qualité d'officier de la garde nationale ;

Vu les extraits de rôles produits par le réclamant, pour justifier des contributions dont il demande l'application, savoir :

1° Le total de l'article 24 du rôle, imposé en son nom, ci 23f 10c

2° La contribution foncière afférente à une propriété acquise du sieur Martin, en raison d'un revenu matriciel de 42f 10c, ci 10 24

TOTAL . . . 33 34

Vu l'acte constatant que ladite propriété a été acquise par le réclamant le 7 de ce mois ;

Vu l'article 7 de la Loi du 19 avril 1831, portant que les contributions foncières ne doivent être comptées que lorsque la propriété aura été possédée antérieurement aux premières opérations de la révision ;

Considérant que les premières opérations de la révision de la Liste ont été commencées le 1er janvier, et qu'ainsi la contribution de 10f 24c afférente à la propriété acquise le 7 du même mois, ne peut lui être comptée ;

Ouï, etc. ;

ARRÊTE CE QUI SUIT :

La demande formée par le sieur Hector Urbain est rejetée.

La présente Décision, etc. (comme au N.° 1).

Fait à, etc.

Les Conseillers municipaux délégués, *Le Maire,*

DÉPARTEMENT, etc. FORMATION DE LA LISTE DES ÉLECTEURS COMMUNAUX POUR **1834.**

N.° 4.

Décision qui admet la demande en inscription sur la 1re partie, présentée par un Électeur qualifié.

Le MAIRE, etc; Vu la Loi, etc.; Vu la Liste, etc.;

Vu la demande en inscription sur la première partie de ladite Liste, présentée, le 25 de ce mois par le sieur Allain Théodore, inscrit au N.° 5 de la deuxième partie, en sa qualité de notaire;

Vu les extraits de rôles produits par le réclamant, pour justifier des contributions dont il demande l'application, savoir:

1° Le total de l'article 1er du rôle, imposé en son nom, ci	13f 11c
2° La contribution afférente à un revenu de 84f 50c, pour des propriétés qui lui sont échues en partage dans la succession de son oncle, ci . . .	21 56
Total . . .	34 67

Vu l'acte de partage qui lui attribue ces propriétés;

Vu l'extrait des états de sections qui en constate le revenu;

Considérant qu'il est régulièrement justifié que les contributions ci-dessus sont applicables au réclamant;

Considérant que la somme de 34f 67c est supérieure au cens du moins imposé des Électeurs inscrits sur la Liste des censitaires;

ARRÊTE ce qui suit:

Le nom du sieur Allain Théodore, notaire, sera retranché de la deuxième partie de la Liste des Électeurs communaux de 1834, et sera porté sur la première partie avec un cens de 34f 67c.

Fait à, etc.

Les Conseillers municipaux délégués, *Le Maire,*

DÉPARTEMENT, etc. FORMATION DE LA LISTE DES ÉLECTEURS COMMUNAUX POUR **1834.**

N.° 5.

Décision qui rejette une demande en inscription sur la 2e partie.

Le MAIRE, etc.; Vu la Loi, etc.; Vu la Liste, etc.;

Vu la demande en inscription sur la deuxième partie de ladite Liste, présentée, le 28 de ce mois, par le sieur Leroy Nicolas, docteur en médecine;

Considérant qu'il est de notoriété publique que le réclamant réside dans la Commune depuis moins de trois ans;

Ouï, etc.;

ARRÊTE ce qui suit:

La demande formée par le sieur Leroy Nicolas, docteur en médecine, est rejetée.

La présente Décision, etc. (comme au N.° 1).

Fait à, etc.

Les Conseillers municipaux délégués, *Le Maire,*

DÉPARTEMENT, etc. FORMATION DE LA LISTE DES ÉLECTEURS COMMUNAUX POUR **1834.**

N.° 6.

Décision qui admet une demande en inscription sur la 2e partie.

Le MAIRE, etc.; Vu la Loi, etc.; Vu la Liste, etc.;

Vu la demande en inscription sur la deuxième partie de ladite Liste, présentée, le 31 de ce mois, par le sieur Anthelme François, propriétaire, nommé membre du bureau de bienfaisance le 15 de ce mois;

Considérant que les droits du réclamant à l'inscription qu'il demande sont constatés par l'acte de sa nomination aux fonctions de membre du bureau de bienfaisance ;

Ouï, etc. ;

ARRÊTE CE QUI SUIT :

Le nom du sieur Anthelme François, propriétaire, sera inscrit sur la deuxième partie de la Liste des Électeurs communaux de 1834, en sa qualité de membre du bureau de bienfaisance.

Fait à, etc.

Les Conseillers municipaux délégués, *Le Maire,*

DÉPARTEMENT, etc. FORMATION DE LA LISTE DES ÉLECTEURS COMMUNAUX POUR 1834.

N.° 7.

Décision sur une demande en rectification.

LE MAIRE, etc. ; Vu la Loi, etc. ; Vu la Liste, etc. ;

Vu la réclamation présentée le 7 de ce mois, par laquelle le sieur Noël, inscrit au N.° 24 de la première partie de ladite Liste, demande qu'aux prénoms d'*Alexandre-Joseph*, qui sont indiqués sur la Liste, soient substitués ceux de *Joseph-Pierre-Alexandre* qui sont ses véritables prénoms ;

Considérant que la demande du sieur Noël est justifiée par le registre de l'état-civil qui a été consulté ;

Ouï, etc. ;

ARRÊTE CE QUI SUIT :

Les prénoms *Alexandre-Joseph* attribués au sieur Noël sur la Liste publiée le 8 janvier dernier, seront remplacés par ceux de *Joseph-Pierre-Alexandre.*

Fait à, etc.

Les Conseillers municipaux délégués, *Le Maire,*

DÉPARTEMENT, etc. FORMATION DE LA LISTE DES ÉLECTEURS COMMUNAUX POUR 1834.

N.° 8.

Décision qui rejette une demande formée par un tiers pour la radiation d'un Électeur censitaire.

LE MAIRE, etc. ; Vu la Loi, etc. ; Vu la Liste, etc. ;

Vu la demande présentée le 18 de ce mois par le sieur Delpech, porté au N.° 10 de la première partie de ladite Liste, à l'effet d'en faire retrancher le nom du sieur Voland Jérôme, ancien meunier, par le motif que ce dernier a donné à ses enfans la plus grande partie de ses propriétés ;

Considérant qu'il résulte de l'acte de donation qui nous a été représenté par le sieur Voland, qu'il s'est réservé l'usufruit de toutes les propriétés qu'il a données à ses enfans, et qu'ainsi il conserve ses droits à l'application des contributions qu'elles supportent ;

Ouï, etc. ;

ARRÊTE CE QUI SUIT :

La demande formée par le sieur Delpech est rejetée.

La présente Décision, etc. (comme au N.° 1).

Fait à, etc.

Les Conseillers municipaux délégués, *Le Maire,*

DÉPARTEMENT, etc. FORMATION DE LA LISTE DES ÉLECTEURS COMMUNAUX POUR 1834.

N.° 9.

Décision qui, sur la demande d'un tiers, retranche un Électeur censitaire.

LE MAIRE, etc.; Vu la Loi, etc.; Vu la Liste, etc.;

Vu la demande présentée, le 20 de ce mois, par le sieur Noyer, inscrit au N.° 6 de la première partie de ladite Liste, à l'effet d'en faire retrancher le nom du sieur Bertrand Pierre-Paul, propriétaire à Villers, inscrit au N.° 26, attendu qu'il est de notoriété publique que les propriétés imposées au nom du sieur Bertrand proviennent du chef de son épouse décédée, et que deux des trois enfans qu'elle a laissés sont âgés de plus de 18 ans;

Considérant que la lettre qui a été écrite par nous au sieur Bertrand, pour l'informer de la demande qui était faite contre son inscription, et pour l'inviter à présenter ses moyens de défense, est demeurée sans réponse;

Ouï, etc.;

ARRÊTE CE QUI SUIT :

Le nom du sieur Bertrand Pierre-Paul, propriétaire à Villers, sera retranché de la Liste des Électeurs censitaires de Saint-Martin.

La présente Décision, etc. (comme au N.° 1).

Fait à, etc.

Les Conseillers municipaux délégués, *Le Maire,*

DÉPARTEMENT, etc. FORMATION DE LA LISTE DES ÉLECTEURS COMMUNAUX POUR 1834.

N.° 10.

Décision qui rejette la demande formée par un tiers pour la radiation d'un Électeur qualifié.

LE MAIRE, etc.; Vu la Loi, etc.; Vu la Liste, etc.;

Vu la demande présentée, le 4 de ce mois, par le sieur Dupuis, inscrit au N.° 16 de la première partie de ladite Liste, à l'effet de faire retrancher de la deuxième partie le sieur Hardy Honoré, inscrit au N.° 6 en qualité d'électeur du collége d'arrondissement, par le motif qu'il a quitté la Commune;

Considérant que rien ne constate que ledit sieur Hardy ait définitivement quitté la Commune, ni qu'il ait pris domicile ailleurs;

Ouï, etc.;

ARRÊTE CE QUI SUIT :

La demande formée par le sieur Dupuis est rejetée.

La présente Décision, etc. (comme au N.° 1).

Fait à, etc.

Les Conseillers municipaux délégués, *Le Maire,*

DÉPARTEMENT, etc. FORMATION DE LA LISTE DES ÉLECTEURS COMMUNAUX POUR 1834.

N.° 11.

Décision qui, sur la demande d'un tiers, ordonne la radiation d'un Électeur qualifié.

LE MAIRE, etc.; Vu la Loi, etc.; Vu la Liste, etc.;

Vu la demande présentée, le 5 de ce mois, par le sieur Sedillon, médecin, inscrit au N.° 2 de la deuxième partie de la Liste, à l'effet d'en faire retrancher le sieur Astruc Nicolas, maçon, qui y est inscrit en qualité d'officier de la garde nationale, attendu qu'il a quitté la Commune;

Considérant qu'il est constaté par la notoriété publique que le sieur Astruc a définitivement quitté la Commune, et qu'il a fixé son domicile à Lyon;

Ouï, etc.;

ARRÊTE CE QUI SUIT :

Le nom du sieur Astruc Nicolas, maçon, inscrit au N.° 7 de la deuxième partie de la Liste des Électeurs communaux, en qualité d'officier de la garde nationale, en sera retranché.

La présente Décision sera immédiatement notifiée audit sieur Astruc, qui demeure prévenu, etc. (comme au N.° 1).

Fait à, etc.

Les Conseillers municipaux délégués, *Le Maire*,

DÉPARTEMENT, etc. FORMATION DE LA LISTE DES ÉLECTEURS COMMUNAUX POUR 1834.

N.° 12.

Décision d'office pour la radiation d'un Électeur décédé.

Le MAIRE, etc.; Vu la Loi, etc.; Vu la Liste, etc.;

Considérant qu'il est constaté par le registre de l'état-civil que le sieur Pascal François-Xavier, meunier, inscrit au N.° 13 de la première partie de ladite Liste, est décédé le 24 janvier dernier;

Ouï, etc.;

ARRÊTE CE QUI SUIT :

Le nom du sieur Pascal François-Xavier sera retranché de la première partie de la Liste des Électeurs communaux.

Fait à, etc.

Les Conseillers municipaux délégués, *Le Maire*,

DÉPARTEMENT, etc. FORMATION DE LA LISTE DES ÉLECTEURS COMMUNAUX POUR 1834.

N.° 13.

Décision d'office pour la radiation d'un Électeur en état de faillite.

Le MAIRE, etc; Vu la Loi, etc.; Vu la Liste, etc.;

Considérant qu'il est de notoriété publique que le sieur Isnard Joseph, marchand, inscrit au N.° 4 de la première partie de ladite Liste, est en état de faillite;

Ouï, etc.;

ARRÊTE CE QUI SUIT :

Le nom du sieur Isnard Joseph sera retranché de la première partie de la Liste des Électeurs communaux.

La présente Décision, etc. (comme au N.° 1).

Fait à, etc.

Les Conseillers municipaux délégués, *Le Maire*,

DÉPARTEMENT, etc. FORMATION DE LA LISTE DES ÉLECTEURS COMMUNAUX POUR 1834.

N.° 14.

Décision d'office pour la radiation d'un Électeur qui ne paie pas le cens.

Le MAIRE, etc.; Vu la Loi, etc.; Vu la Liste, etc.;

Considérant qu'il est de notoriété publique que le sieur Falcon Joseph, cabaretier, inscrit au N.° 17 de ladite Liste, a vendu la plus grande partie de ses propriétés depuis la publication de la Liste, et qu'il n'a pas répondu à l'invitation qui lui a été faite de faire connaître la contribution afférente aux propriétés qui peuvent lui rester;

Ouï, etc.;

ARRÊTE CE QUI SUIT :

Le nom du sieur Falcon Joseph, cabaretier, sera retranché de la Liste des Électeurs communaux;

La présente Décision sera immédiatement notifiée, etc. (comme au N.° 1).

Fait à, etc.

Les Conseillers municipaux délégués, *Le Maire,*

DÉPARTEMENT, etc. FORMATION DE LA LISTE DES ÉLECTEURS COMMUNAUX POUR **1834.**

N.° 15.

Décision d'office pour la radiation d'un Électeur qualifié.

Le MAIRE, etc.; Vu la Loi, etc.; Vu la Liste, etc.;

Considérant que le sieur Ximmer Alexis, inscrit au N.° 3 de la deuxième partie de ladite Liste, en qualité de membre du bureau de bienfaisance, s'est démis de ces fonctions;

Ouï, etc.;

ARRÊTE CE QUI SUIT :

Le nom du S.r Ximmer Alexis sera retranché de la Liste des Électeurs communaux;

La présente Décision sera immédiatement notifiée au sieur Ximmer, qui demeure prévenu que, dans le cas où il se croirait fondé à la contester, il peut en appeler devant le Préfet en Conseil de préfecture, dans les 15 jours qui suivront la notification.

Fait à, etc.

Les Conseillers municipaux délégués, *Le Maire,*

DÉPARTEMENT, etc. FORMATION DE LA LISTE DES ÉLECTEURS COMMUNAUX POUR **1834.**

N.° 16.

Décision portant rejet d'une réclamation présentée hors des délais.

Le MAIRE, etc.; Vu la Loi, etc.; Vu la Liste, etc.;

Vu la demande en inscription sur la première partie de ladite Liste, présentée le 9 février courant, par le sieur N......;

Vu les extraits de rôles et l'acte d'acquisition produits à l'appui de la demande;

Considérant qu'il est constaté par ces pièces que les droits du sieur N...... à l'inscription qu'il réclame existent depuis le 12 décembre dernier;

Considérant que le délai pour la présentation du réclamant est expiré depuis le 7 de ce mois;

Ouï, etc.;

ARRÊTE CE QUI SUIT :

La demande formée par le sieur N...... est rejetée.

La présente Décision, etc. (comme au N.° 15).

Fait à, etc.

Les Conseillers municipaux délégués, *Le Maire,*

DÉPARTEMENT, etc. FORMATION DE LA LISTE DES ÉLECTEURS COMMUNAUX POUR **1834.**

N.° 17.

Décision portant inscription de 2 Électeurs censitaires pour compléter la 1.re partie de la Liste (a).

(a) Les Décisions d'ordre portant inscription peuvent être collectives.

Le MAIRE, etc.; Vu la Loi, etc.; Vu la Liste, etc.;

Vu les Décisions intervenues depuis la publication de ladite Liste, desquelles il résulte que la première partie se trouve réduite à 26 Électeurs, au lieu de 28, nombre déterminé par la population;

Ouï, etc.;

ARRÊTE CE QUI SUIT :

Les noms des deux plus imposés portés sur les autres parties de la Liste seront inscrits dans la première partie pour compléter le nombre des Électeurs censitaires, savoir :

Le sieur Rolland, inscrit au N.° 1 de la troisième partie ;

Le sieur Floriel, inscrit au N.° 1 du supplément.

Ils seront en même temps retranchés des parties de la Liste où ils étaient portés.

Fait à, etc.

Les Conseillers municipaux délégués, *Le Maire,*

DÉPARTEMENT, etc. FORMATION DE LA LISTE DES ÉLECTEURS COMMUNAUX POUR 1834.

N.° 18. [a]

Décision d'ordre portant radiation d'un Électeur censitaire excédant le nombre déterminé (*b*).

(*a*) Ce Modèle ne s'applique pas à la commune de Saint-Martin.

(*b*) Les Décisions d'ordre portant radiation doivent être individuelles.

LE MAIRE, etc.; Vu la Loi, etc.; Vu la Liste, etc.;

Vu les Décisions intervenues depuis la publication de ladite Liste, desquelles il résulte que la première partie se trouve portée à 29 Électeurs, au lieu de 28, nombre déterminé par la population ;

Ouï, etc. ;

ARRÊTE CE QUI SUIT :

Le nom du sieur N.... sera retranché de la Liste des censitaires, attendu qu'il est le moins imposé des Électeurs qui y sont inscrits. (*S'il a droit à être porté sur la deuxième partie, on ajoutera* : et il sera inscrit sur la deuxième partie en qualité de......) (*S'il n'est pas qualifié, et qu'il y ait une troisième partie, on mettra, s'il est domicilié :* et sera inscrit sur la troisième partie comme censitaire adjoint.)

La présente Décision, etc. (comme au N.° 15).

Fait à, etc.

Les Conseillers municipaux délégués, *Le Maire,*

DÉPARTEMENT, etc. FORMATION DE LA LISTE DES ÉLECTEURS COMMUNAUX POUR 1834.

N.° 19.

Décision portant inscription de 3 candidats adjoints pour compléter les 30 domiciliés.

LE MAIRE, etc.; Vu la Loi, etc.; Vu la Liste, etc.;

Vu les Décisions intervenues depuis la publication de ladite Liste, desquelles il résulte que le nombre des Électeurs domiciliés dans la Commune, inscrits sur la première, la deuxième et la troisième partie de la Liste, se trouve réduit à 27, au lieu de 30, *minimum* fixé par la Loi ;

Ouï, etc.;

ARRÊTE CE QUI SUIT :

Les noms des sieurs Meslin, Osmond et Volcain, portés sur le supplément, seront ajoutés à la troisième partie de la Liste, pour compléter le nombre de 30 Électeurs domiciliés.

Fait à, etc.

Les Conseillers municipaux délégués, *Le Maire,*

DÉPARTEMENT, etc. FORMATION DE LA LISTE DES ÉLECTEURS COMMUNAUX POUR 1834.

N.° 20.

Décision d'ordre portant radiation d'un Électeur censitaire, par suite d'un Jugement qui ordonne une inscription.

LE MAIRE, etc.; Vu la Loi, etc.; Vu la Liste, etc.;

Vu le Jugement du Tribunal de première instance de l'arrondissement, en date du 18 février dernier, portant que le nom du sieur Falcon Joseph, cabaretier, sera inscrit sur la première partie de la Liste des Électeurs communaux, avec un cens de 36f 20c;

Considérant que, par l'effet de cette inscription, le nombre des Électeurs censitaires excède celui qui est déterminé par la population ;

Ouï, etc. ;

ARRÊTE CE QUI SUIT :

Le nom du sieur Floriel, inscrit au N.° 32 de la première partie de la Liste, en sera retranché, attendu qu'il est le moins imposé des censitaires qui y sont portés.

La présente Décision, etc. (comme au N.° 15).

Fait à, etc.

Les Conseillers municipaux délégués, *Le Maire,*

DÉPARTEMENT, etc.

FORMATION DE LA LISTE DES ÉLECTEURS COMMUNAUX POUR 1834.

N.° 21.

Décision d'ordre portant radiation d'un Électeur à la 3.e partie, comme excédant le nombre de 30 domiciliés.

LE MAIRE, etc. ; Vu la Loi, etc. ; Vu la Liste, etc. ;

Considérant que, par l'effet de l'inscription dans la première partie du sieur Falcon, Électeur domicilié, et de la radiation du sieur Floriel, non domicilié, le nombre des Électeurs domiciliés inscrits dans la première, la deuxième et la troisième partie de la Liste se trouve élevé à 31 ;

Ouï, etc. ;

ARRÊTE CE QUI SUIT :

Le nom du sieur Volcain sera retranché de la troisième partie de la Liste, attendu qu'il est le moins imposé des contribuables qui y sont inscrits.

La présente Décision, etc. (comme au N.° 15).

Fait à, etc.

Les Conseillers municipaux délégués, *Le Maire,*

DÉPARTEMENT DE LA DROME.

ARRONDISSEMENT DE MONTÉLIMAR.

Modèle *II*. — NOTA. Les cadres de ce Modèle doivent être imprimés en 4 pages du même format que les cadres du Modèle *B*.

Commune de Saint-Martin.

LISTE GÉNÉRALE DES ÉLECTEURS COMMUNAUX POUR 1834.

N.os d'ordre	NOMS.	PRÉNOMS.	PROFESSIONS, TITRES OU FONCTIONS.	DOMICILE RÉEL.	DATE de LA NAISSANCE.	CONTRIBUTIONS applicables A L'ÉLECTEUR		DÉSIGNATION DE LA SECTION à laquelle chaque Électeur appartient.
	1re PARTIE. — *ÉLECTEURS CENSITAIRES.* (A imprimer.)							
1	Quenin.	Jean-Joseph.	Propriétaire.	S.t-Martin.	1er févr. 1778	350	60	Unique.
2	Belland.	Maximilien.	Membre du cons. gén.	S.t-Martin.	18 août 1787	304	50	*Idem.*
3	Xuilon.	Marc-Joseph.	Propriétaire.	Villefranche.	1er mars 1772	300	37	*Idem.*
5	Jardinet.	François.	Agriculteur.	S.t-Martin.	3 déc. 1789	263	91	*Idem.*
	Etc.							
	Le N.° 4 manque, attendu que l'Électeur qui l'occupe a été retranché.							
	2e PARTIE. — *ÉLECTEURS QUALIFIÉS.* (Ne pas imprimer.)							
1	Hector.	Urbain.	Agriculteur.	S.t-Martin.	2 nov. 1801	23	10	*Idem.*
	Etc.							
	3e PARTIE. — *CENSITAIRES ADJOINTS.* (Ne pas imprimer.)							
2	Ullin.	Marc-Antoine.	Chaufournier.	S.t-Martin.	4 août 1785	24	50	*Idem.*
	Etc.							

Certifié la présente Liste conforme à la minute arrêtée, le 31 mars dernier, au nombre de Électeurs, savoir : Électeurs censitaires, Électeurs qualifiés, et censitaires adjoints.

A Saint-Martin, le 183 .

Le Maire,

DÉPARTEMENT
DE LA DROME.

ARRONDISSEMENT
DE MONTÉLIMAR.

COMMUNE
DE SAINT-MARTIN.

MODÈLE *I*. — NOTA. Il n'est pas absolument nécessaire de faire imprimer des cadres de ce Modèle.

LISTE DES ÉLECTEURS COMMUNAUX POUR 1834.

Dernier Tableau de Rectification.

LE MAIRE de la Commune de Saint-Martin, en comité municipal;
Vu la Loi du 21 mars 1831;
Vu la Liste des Électeurs communaux arrêtée le 31 mars dernier;
Vu les Jugemens du Tribunal civil de l'arrondissement, intervenus postérieurement à la clôture de la Liste, et qui sont relatifs à des Électeurs inscrits ou à inscrire;

ARRÊTE :

Il sera fait à la Liste des Électeurs communaux ci-dessus mentionnée les additions, retranchemens et rectifications dont le détail suit :

1re PARTIE.

ADDITIONS. Ajouter le sieur N...., en exécution du jugement du 183 .
RETRANCHEMENS. Retrancher le sieur N...., N.° , en exécution du jugement du 183 .
Retrancher le sieur N...., N.° , attendu que, par jugement du 183 , il a été privé de ses droits civils.

En conséquence, etc. (comme au 2e Tableau, Modèle *D*).

Les Conseillers municipaux délégués, *Le Maire,*

DÉPARTEMENT
d

ARRONDISSEMENT
d

MODÈLE *K.* — NOTA. Les cadres de ce Modèle doivent être imprimés en 4 pages, sur une feuille de papier *Couronne* : la 1re page pour le titre, la 2e et la 3e pour la liste, et la 4e pour l'arrêté.

Commune d

Section dite

FEUILLE D'INSCRIPTION DES VOTANS

OU

LISTE ALPHABÉTIQUE
DES ÉLECTEURS COMMUNAUX
Composant l'Assemblée réunie le 183 .

Cette Liste doit comprendre tous les Électeurs de la Section.

Elle doit être rédigée par ordre alphabétique, sans distinction des parties de la Liste générale sur lesquelles les Électeurs sont portés.

N.os d'ordre.	NOMS.	PRÉNOMS.	PROFESSIONS.	SIGNATURE DU MEMBRE DU BUREAU QUI A REÇU LE BULLETIN DE L'ÉLECTEUR		
				au premier scrutin.	au second scrutin.	

FAIT ET ARRÊTÉ, le 183 , par nous Maire de la Commune d , la présente Feuille d'inscription au nombre de Électeurs.

DÉPARTEMENT
d

ARRONDISSEMENT
d

COMMUNE
d

MODÈLE *L* pour les Communes qui n'ont qu'une Section.
MODÈLE *M* pour celles qui sont divisées.

NOTA. Les cadres de ces Modèles doivent être imprimés en 8 pages, sur 2 feuilles de papier *Bâtard* ou *Carré*.

PROCÈS-VERBAL

DES OPÉRATIONS

De l'Assemblée des Électeurs communaux

(de la Section dite....... (A))

(A) Tous les mots placés entre deux parenthèses devront être retranchés dans les formules destinées aux Communes qui n'ont qu'une Section.

CEJOURD'HUI mil huit cent , à heures du matin ;

En exécution de la Loi du 21 mars 1831, et de l'Arrêté de M. le Préfet du département d , du dernier, qui convoque l'assemblée des Électeurs de la Commune d , à l'effet de procéder à l'élection de Conseillers municipaux ;

Nous (1) , de ladite Commune, nous sommes rendu dans l , lieu indiqué aux Électeurs pour la réunion de l'assemblée, par affiches et publications ;

Où étant, nous avons déposé sur le bureau la Liste générale des Électeurs de la Commune ; nous avons aussi fait afficher, dans l'endroit le plus apparent de la salle, un exemplaire de ladite Liste, ainsi que les noms des Conseillers restant ;

Ensuite, nous avons fait placer, en avant du bureau où doivent siéger le Président, les Scrutateurs et le Secrétaire, une table entièrement séparée de ce bureau, pour que les Électeurs puissent y écrire leur vote, à mesure qu'ils seront appelés ;

Nous avons, en même temps, fait disposer le bureau de telle sorte que MM. les Électeurs puissent circuler alentour pendant le dépouillement du scrutin.

Ces dispositions faites, nous avons pris place au bureau, et, après nous être assuré qu'il n'y avait dans la salle d'autres citoyens que ceux qui sont inscrits sur la Liste (de la Section) nous avons annoncé que, conformément aux articles 44 et 45 de la Loi du 21 mars 1831, nous étions appelé à présider l'assemblée des Électeurs (de la Section dite....) de la Commune (2).

Et aussitôt qu'il s'est trouvé un quart environ du nombre des Électeurs, nous avons déclaré la séance ouverte.

Nous avons immédiatement donné lecture des articles 9, 10, 15, 16, 17, 18, 20, 43, 44, 45, 46, 47, 48, 49, 50, 51 et 52 de la Loi du 21 mars 1831.

Ensuite nous avons appelé au bureau, pour faire fonctions de Scrutateurs, les deux plus âgés et les deux plus jeunes des Électeurs présens (3), sachant lire et écrire.

Les deux plus âgés sont : M. né le
M. né le

Et les deux plus jeunes : M. né le
M. né le

Les uns et les autres ont de suite pris place au bureau, et, de concert avec eux, nous avons désigné M. pour remplir les fonctions de Secrétaire (4).

Nous avons annoncé à l'assemblée qu'elle avait à procéder à l'élection de Conseillers municipaux, conformément à l'article (5) de la Loi du 21 mars et à l'Arrêté de M. le Préfet du dernier.

Nous avons fait observer à MM. les Électeurs,

1° Que les suffrages ne peuvent se porter que sur des citoyens inscrits sur la Liste générale des Électeurs de la Commune ;

(1) Nom, prénoms et qualité du Président.

(2) Si le fonctionnaire qui préside siége en remplacement d'un autre, on ajoutera : *attendu que le Maire, l'Adjoint, ou M......, Conseiller municipal, qui était appelé à présider, est absent, malade, etc.*

(3) On doit considérer comme absens, au moment de cet appel, les Électeurs qui refusent ces fonctions.

(4) Le Secrétaire n'a que voix consultative pour les décisions qui doivent être prises par le Bureau.

(5) Article 17, s'il s'agit du renouvellement triennal, ou 22, s'il s'agit d'élections pour cause de vacances.

2° Que les Préfets, Sous-Préfets, Secrétaires généraux et Conseillers de Préfecture, les Ministres des divers cultes en exercice dans la Commune, les Comptables des revenus communaux, et tous les Agens salariés par la Commune, ne peuvent être membres de son Conseil municipal ;

3° Que les parens au degré de père, de fils, de frère, et les alliés au même degré, ne peuvent être en même temps membres du même Conseil municipal (6) ;

4° Que les trois quarts au moins des Conseillers doivent être *domiciliés dans la Commune*, et que les deux tiers au moins doivent être pris parmi les Électeurs les plus imposés ou censitaires portés dans la première partie de la Liste ;

5° Que le Bureau n'a point à s'occuper des réclamations qui ont pour objet le droit de voter, c'est-à-dire qui concernent la capacité électorale des personnes inscrites sur la Liste, ou qui prétendraient y avoir été omises indûment ;

6° Qu'au premier tour de scrutin les nominations n'auraient lieu qu'à la majorité des suffrages exprimés, et que le nombre de Candidats à porter sur le bulletin était de

Le premier scrutin a été ouvert à (7) heures

Nous avons prévenu l'assemblée que le scrutin resterait ouvert pendant trois heures, qu'il serait clos à heures ; que le dépouillement aurait lieu immédiatement, et que si un second tour de scrutin devenait nécessaire pour compléter les nominations à faire, ce second scrutin s'ouvrirait de suite; nous avons, en conséquence, invité MM. les Électeurs à ne pas s'éloigner de l'assemblée jusqu'à ce que ses opérations fussent terminées.

Le Président a fait faire un appel des Électeurs, au moyen de la Liste dressée par ordre alphabétique pour l'inscription des votans. Chacun d'eux est venu successivement au bureau, et a reçu du Président un bulletin ouvert et en blanc ; il a écrit ou fait écrire secrètement son vote par un Électeur de son choix, sur la table préparée à cet effet, placée en avant et séparée du bureau (8) ; puis il a remis son bulletin écrit et fermé au Président, qui l'a déposé dans la boîte placée sur le bureau et destinée à cet usage.

Avant de remettre son vote, chaque Électeur a prêté, entre les mains du Président et à haute et intelligible voix, le serment prescrit par la Loi du 31 août 1830, en ces termes :

« Je jure fidélité au Roi des Français, obéissance a la Charte constitutionnelle et aux Lois du Royaume. »

A mesure que chaque Électeur déposait son bulletin, un des Scrutateurs ou le Secrétaire constatait ce vote, en écrivant *son propre nom* en regard du nom du votant, dans une colonne réservée pour cet objet sur la feuille d'inscription, contenant les noms et qualifications de tous les membres de l'assemblée.

L'appel terminé, il a été fait un réappel des Électeurs qui n'avaient pas voté. Ceux qui, n'ayant pas répondu à l'appel et au réappel, se sont ensuite présentés pour voter, ont été admis à déposer leurs bulletins jusqu'à la clôture du scrutin. Les uns et les autres ont prêté serment avant de déposer leur vote, conformément à l'article 47 de la Loi du 21 mars.

A (9) heures précises, M. le Président a déclaré le scrutin clos. Il a d'abord fait constater, au moyen de la Liste d'inscription, que le nombre des votans était de (10) ; il a ensuite ouvert la boîte du scrutin et a compté le nombre des bulletins, qui s'est trouvé (11)

(*Note pour l'impression des formules.*)
(Laisser ici 4 pouces de hauteur en blanc.)

Le Président a, en conséquence, ordonné le dépouillement du scrutin. Un des Scrutateurs a pris successivement chaque bulletin, l'a déplié, l'a remis au Président qui en a fait lecture à haute voix, et l'a passé à un autre Scrutateur.

Le Bureau a rayé des bulletins les derniers noms inscrits au-delà du nombre de Conseillers à élire, et les noms qui ne désignaient pas clairement les individus auxquels ils devaient s'appliquer.

Il s'est élevé réclamation au sujet de (12)

(Laisser ici 5 pouces de hauteur en blanc.)

Le Bureau a annulé bulletins blancs, et le nombre des suffrages exprimés se trouve ainsi (13) à , ce qui fixe la majorité absolue à suffrages.

(6) Cette exclusion n'est pas applicable dans les Communes au-dessous de 500 ames.

(7) Désigner avec précision et en toutes lettres l'heure et la minute auxquelles l'appel a été commencé.

(8) Les bulletins doivent être écrits dans la salle.

(9) Désigner avec précision et en toutes lettres l'heure et la minute auxquelles le scrutin a été clos, et s'assurer, avant cette opération, qu'il s'est écoulé au moins trois heures depuis l'ouverture du scrutin, qu'il ne faut pas confondre avec l'ouverture de la séance.

(10) En toutes lettres.

(11) Pareil à celui des votans.

Ou bien :

Être de........, et, par conséquent, différent de celui des votans suivant la Liste d'inscription. Le Bureau a délibéré sur cet incident, et

a cru reconnaître que cette différence venait d'une erreur sur la Liste d'inscription des votans. En conséquence, il a décidé, à la majorité de ...... voix contre ...., qu'il serait passé outre, que le scrutin serait tenu pour valide, et que le nombre des votans serait compté pour......	a décidé, à la majorité de .... voix contre ......, que le scrutin serait annulé et l'opération recommencée. En conséquence, on a commencé de nouveau l'appel, à..... heures, ensuite le réappel; enfin on a suivi le même ordre que pour le scrutin précédent. Le scrutin étant demeuré ouvert pend.t trois heures, le Président l'a déclaré clos à ...... heures. On en a fait le dépouillement, et le nombre des votans et celui des bulletins se sont trouvés identiques (*a*).

(*a*) Ce nouveau scrutin ne doit pas être considéré comme un second tour, et les nominations y doivent être faites à la majorité absolue des suffrages exprimés.

(12) S'il n'y a pas de réclamation, on mettra *ne—aucune—cette opération.*

Dans le cas contraire,

on indiquera l'objet de la réclamation ; on constatera la décision provisoire du Bureau, et on énoncera, s'il y a lieu, que les bulletins qui ont donné lieu à la réclamation ont été paraphés par les membres du Bureau et annexés, au nombre de........, au présent procès-verbal, pour en être référé à l'Autorité compétente.

(13) Maintenu *ou* réduit.

Deux des Scrutateurs et le Secrétaire tenaient note du dépouillement du scrutin sous la dictée du Président (14). Il est résulté de ce dépouillement que les Candidats qui ont obtenu la majorité absolue sont au nombre de (15) :

M. (16) (17))
qui a obtenu (18) suffrages.

M.

(Continuer les M. jusqu'au nombre 20.)

Le Bureau a immédiatement porté son attention sur la position particulière des Candidats, et notamment de ceux qui, par leur rang sur le tableau ci-dessus, sont susceptibles d'être nommés Conseillers municipaux.

Il a examiné pour chacun d'eux,

S'il est inscrit sur la Liste générale des Électeurs de la Commune;

S'il est âgé de 25 ans accomplis;

S'il n'est frappé d'aucune des exclusions spécifiées par l'article 18 de la Loi municipale;

S'il n'est pas parent ou allié, au degré prohibé par l'article 20, des Conseillers restant ou d'autres Candidats (19);

S'il n'excède pas le nombre des *non domiciliés* ou des *qualifiés* qui peuvent être élus;

Enfin, s'il ne fait pas déjà partie du Conseil municipal d'une autre Commune.

Il a été reconnu que la Liste des Candidats devait (20)

(Laisser ici 8 pouces de hauteur en blanc.)

En conséquence, M. le Président a proclamé membres du Conseil municipal de la Commune d

1° M. (21) inscrit sur la partie de la Liste générale sous le N°
2° *idem* ( ) *idem* N°

(Continuer jusqu'à 16°.)

(22)

(Laisser ici 3 pouces de hauteur en blanc.)

Comme il reste nomination à faire pour compléter celles auxquelles l'assemblée doit procéder, le Président a annoncé (23)

(Laisser ici 7 pouces de hauteur en blanc.)

Le deuxième scrutin a été ouvert à heures ; l'appel et le réappel des Électeurs ont été faits comme précédemment. Le scrutin est resté ouvert pendant trois heures, et tous les Électeurs ont été admis à déposer leur vote. Ceux qui n'avaient pas voté au premier tour de scrutin, ont prêté serment conformément à la Loi. A mesure que chaque Électeur déposait son bulletin, un des Scrutateurs constatait ce vote, en écrivant *son propre nom* en regard du nom du votant, sur la feuille à ce destinée.

A heures précises, le Président a déclaré le scrutin clos; il a fait constater, au moyen de la feuille d'inscription, le nombre des votans, qui s'est trouvé être de

(14) Si deux des trois relevés sont d'accord, ils obtiennent la préférence sur le troisième. Si tous les trois diffèrent, on recommencera le dépouillement.

(15) Si aucun Candidat n'a obtenu la majorité absolue, on mettra le mot *néant*, et l'on bâtonnera le procès-verbal jusqu'à ces mots : Comme il reste, etc.

(16) Commencer par le Candidat qui a obtenu le plus de suffrages, et les placer tous en suivant la progression descendante. En cas de parité dans le nombre de suffrages, placer le Candidat le plus âgé le premier.

(17) Pour les Candidats tirés de la 1re partie ou censitaires, on mettra ici, suivant le cas : *domicilié* ou *non domicilié*; et pour ceux qui sont tirés de la 2e partie, on mettra : *qualifié*.

(18) En toutes lettres.

(19) Cet article ne concerne que les Communes de 500 ames et au-dessus.

(20) Être maintenue telle qu'elle est établie ci-dessus.

Ou bien :

Être rectifiée ainsi qu'il suit :

Retrancher M..., attendu qu'il n'est pas personnellement inscrit sur la Liste générale des Electeurs de la Commune.

Retrancher M....., attendu qu'il est âgé de moins de 25 ans.

Retrancher M....., attendu qu'en sa qualité de...., il se trouve dans un des cas d'exclusion déterminés par l'art. 18.

Retrancher M....., attendu qu'il est (*indiquer le degré de parenté*) de M..., Conseiller municipal en fonctions, *ou* de M......., Candidat ayant obtenu un plus grand nombre de suffrages.

Retrancher M....., attendu qu'il excède le nombre des *non domiciliés* qui peuvent être élus.

Retrancher M....., attendu qu'il excède le nombre des *qualifiés* qui peuvent être élus.

Retrancher M....., attendu qu'il est déjà Conseiller municipal à......., et qu'il a déclaré opter pour cette dernière Commune. (Il n'y a lieu de le retrancher que dans le cas d'une déclaration formelle d'option pour l'autre Commune.) Si le Candidat est absent, ou s'il s'abstient de faire une déclaration pour opter, on le laissera inscrit sur la Liste; on le proclamera Conseiller si son rang l'y appelle, et l'on consignera cette circonstance au procès-verbal de la manière qui sera indiquée à la note N.° 22.

(21) Nom et prénoms.

(22) Il est constaté ici pour mémoire que M.........., proclamé Conseiller municipal, exerce déjà les mêmes fonctions dans la Commune de......

Si les nom, prénoms, qualités, domicile, ou l'âge d'un Conseiller proclamé ont été mal indiqués sur la Liste, on le constatera ici pour expliquer les différences qui pourront exister sous ce rapport entre la Liste générale et le Tableau des Conseillers.

(23) Dans le cas d'un second tour de scrutin fait le même jour, on mettra ces mots : qu'il allait être fait sans désemparer un deuxième tour de scrutin; et que cette fois les élections auraient lieu, suivant l'article 49 de la Loi du 21 mars, à la majorité relative.

Les Electeurs absens de la salle ont été avertis par (le son de la cloche ou du tambour).

Si le scrutin est renvoyé au lendemain, on mettra ces mots : qu'à cause de l'insuffisance du temps, le deuxième tour de scrutin était renvoyé au lendemain, à ...... heures précises du ......, et a dit que les membres absens de la salle seraient prévenus par le son (de la cloche ou du tambour). Les membres du Bureau signeront, et ensuite on mettra ces mots :

Cejourd'hui ...., à heures d......, ensuite de l'ajournement des opérations dont la continuation a été renvoyée à aujourd'hui, le Bureau s'est réuni dans le lieu des séances; M. le Président a rappelé l'objet de sa réunion, et a annoncé qu'il allait y être procédé.

Il a ensuite ouvert la boîte du scrutin et a compté le nombre des bulletins, qui a été reconnu être de , et par conséquent (24)

(24) Voir la note 11.

(Laisser ici 3 pouces de hauteur en blanc.)

Le Président a, en conséquence, ordonné le dépouillement du scrutin. Il y a été procédé de la même manière et avec les mêmes soins que pour le premier tour de scrutin. Ce dépouillement a donné les résultats suivans (25) :

M. (26) (27)) a obtenu (28) suffrages.
M. ( ) *idem* *idem*.

(25) On doit porter les Candidats suivant le nombre des suffrages obtenus et en inscrire cinq ou six de plus que le nombre de Conseillers à élire.

(26) Nom et prénoms.

(27) Domicilié, non domicilié, ou qualifié.

(28) En toutes lettres.

(Continuer les M. jusqu'au nombre 16.)

Il a été reconnu que, conformément aux dispositions des articles 15, 16, 17, 18 et 20 de la Loi, les Candidats ci-après doivent être retranchés de la Liste ci-dessus, savoir :

M. , attendu (29)

(29) Voir la note 20.

(Laisser ici 3 pouces de hauteur en blanc.)

En conséquence, M. le Président a proclamé membres du Conseil municipal de la Commune d

1° M inscrit sur la partie de la Liste générale sous le N°
2° *idem* ( ) *idem* N°

(Continuer jusqu'à 16°.)

Pendant toute la durée des opérations de l'assemblée, trois membres du Bureau au moins ont toujours été présens. Le Président a été remplacé pendant son absence par le plus âgé des Scrutateurs, et le Secrétaire par le plus jeune.

A la fin de chaque scrutin, les bulletins sur lesquels il ne s'est élevé aucune réclamation ont été brûlés en présence de l'assemblée; les autres sont joints au présent procès-verbal, après avoir été paraphés par les membres du Bureau.

M. le Président a prévenu l'assemblée que, selon l'article 52 de la Loi du 21 mars, les membres qui croiraient devoir arguer les opérations de nullité, pouvaient faire actuellement leurs réclamations, et que d'ailleurs ils ont cinq jours francs, celui-ci non compris, pour les déposer à la Mairie, qui en donnera récépissé et les enverra à M. le Préfet (30).

(30) Aucune réclamation n'a été faite.

Ou bien :

A l'instant, M........ a dit que....., et il a demandé que sa réclamation fût insérée dans le procès-verbal, ce dont le Président lui a donné acte, réservant la solution de la question à l'Autorité compétente.

(Laisser ici 2 pouces de hauteur en blanc.)

Toutes les opérations de l'assemblée des Électeurs (de la Section dite ....) de la Commune d étant terminées, le procès-verbal a été clos : le Président en a fait donner lecture; il a immédiatement déclaré l'assemblée dissoute et a levé la séance.

Fait double et clos sans désemparer, le mil huit cent trente- , à heures du , et ont signé le Président, les Scrutateurs et le Secrétaire.

Les Scrutateurs, *Le Secrétaire*, *Le Président*,

Je soussigné, Maire de la Commune d , certifie que, pendant les cinq jours qui ont suivi les opérations de l'assemblée des Électeurs communaux (de la Section dite ......), il n'a été présenté (31) *réclamation contre lesdites opérations* (32)

(31) Aucune, *ou bien* d'autres.

(32) Que celles au nombre de......, annexées au procès-verbal.

A , *le* 183 .

DÉPARTEMENT
d

ARRONDISSEMENT
d

CANTON
d

Chaque fois qu'il y a une élection nouvelle, le tableau des Conseillers municipaux doit être dressé de nouveau, de manière que chacun des membres y prenne rang selon le nombre réel des suffrages qui l'y ont appelé.

(*Circulaire ministérielle du 22 mars 1832.*)

MODÈLE N. — NOTA. Les cadres de ce Modèle doivent être imprimés en 4 pages, sur une feuille de papier *Couronne* : la 1re page pour le titre et les observations, la 2e et la 3e pour le tableau, et la 4e pour l'extrait de la circulaire ministérielle.

(1re page du Modèle.)

Commune d

TABLEAU

Présentant l'ordre des Conseillers municipaux, dressé, conformément à l'article 5 de la Loi du 21 mars 1831, suivant le nombre des suffrages obtenus.

OBSERVATIONS.

Tous les Conseillers, anciens ou nouvellement élus, doivent être portés au présent Tableau.

Le Conseiller, ancien ou nouveau, qui a obtenu le plus de suffrages, doit y être inscrit le premier, sans avoir égard à l'époque à laquelle il a été élu.

Lorsqu'il y a parité dans le nombre de suffrages, le plus âgé prend rang avant le plus jeune.

Le domicile à porter dans la 6e colonne est celui qui est indiqué par la Liste de l'année. Il en est de même du mot *censitaire* ou *qualifié* à porter dans la 7e colonne.

Les Conseillers appartenant à une même moitié seront désignés, dans la 8e colonne, par la lettre *A*, et ceux de l'autre moitié par la lettre *B*. Leurs remplaçans respectifs conserveront indéfiniment la même distinction.

NOTA. Le présent Tableau doit être rédigé à double expédition pour les communes de l'arrondissement du chef-lieu : une expédition reste à la Préfecture, et l'autre est adressée à la Mairie.

Dans les communes des autres arrondissemens, il en faut une troisième expédition pour le Sous-Préfet.

(2e page du Modèle.)

N.os d'ordre. 1	NOMS. 2	PRÉNOMS. 3	PROFESSION, TITRES OU FONCTIONS. 4	DATE DE LA NAISSANCE 5	DOMICILE RÉEL. 6

(4ᵉ page du Modèle.)

EXTRAIT

De la Circulaire ministérielle du 22 *mars* 1832.

La première partie du deuxième paragraphe de l'article 5, relative au remplacement des Maires et Adjoints *absens* ou *empêchés*, a fait naître deux questions sur lesquelles je crois utile de vous adresser quelques éclaircissemens.

On a demandé, 1° si l'obligation imposée aux Conseillers municipaux les premiers inscrits au Tableau s'applique à ceux qui exerceraient des fonctions déclarées, par l'article 6, incompatibles avec celles de Maire et d'Adjoint; 2° si le refus de prendre temporairement l'exercice des premières fonctions ne doit pas être considéré comme une démission de celles de Conseiller.

1° Bien que l'article 5 ne mentionne point d'exception pour les Conseillers revêtus de fonctions incompatibles, il serait cependant contraire aux principes établis par l'article 6 de les appeler, même temporairement, à l'exercice des places de Maire et d'Adjoint; ils doivent donc, à cet égard, être considérés comme étant en dehors du Tableau.

2° L'Administration supérieure peut admettre des motifs d'excuse de la part des premiers Conseillers appelés, au défaut du Maire et d'Adjoints, à prendre l'administration de la Commune. Elle doit insister, quand elle juge que ces excuses sont inadmissibles et mal fondées, et même, dans ce cas, on pourrait induire des dispositions de l'article 26 qu'il y a lieu de déclarer démissionnaire le Conseiller qui se refuse à l'accomplissement d'une obligation attachée aux fonctions qu'il remplit. Bien entendu qu'il faudrait, après avoir rejeté son excuse, le mettre en demeure de se désister de son refus.

Enfin, si tous les membres d'un même Conseil se refusaient à l'accomplissement de ce devoir, il y aurait lieu à prononcer la dissolution du Conseil, et vous devriez me la proposer.

(3ᵉ page du Modèle.)

DICATION E CONSEILLER t électeur ensitaire u qualifié. 7	MOITIÉ à laquelle il appartient. 8	DATE de LA NOMINATION. 9	NOM DE LA SECTION qui a élu. 10	NOMBRE des SUFFRAGES obtenus. 11	DATE de la prestation DU SERMENT. 12	*OBSERVATIONS.* 13

Certifié à , le 183 .

Le Préfet,

QUATRIÈME PARTIE.

Formation DES LISTES ÉLECTORALES ET DU JURY ET DE CELLES DES ÉLECTEURS CANTONAUX (1).

TRAVAUX PRÉPARATOIRES DES PRÉFECTURES.

Les travaux préparatoires dont il s'agit ici doivent être entrepris assez à temps pour qu'ils soient terminés dans les derniers jours d'avril. Au reste, comme ces travaux ne consistent que dans la reproduction des élémens des listes à réviser, rien ne s'oppose à ce qu'on s'en occupe immédiatement après le 16 octobre, époque de la clôture de ces listes.

1° Rédiger un bordereau (Modèle *O*) pour chaque électeur. Ce travail consiste à garnir la 1re page et les 4 premières colonnes de la 2e page de ce bordereau.

2° Préparer des feuilles d'extraits de rôles (Modèle *P*), en nombre égal à celui des feuilles qui ont été employées l'année précédente. Il s'agit de garnir la 1re et la 2e partie de ces feuilles. On doit avoir soin d'énoncer clairement, dans la dernière colonne de la 2e partie, les circonstances de l'application des contributions de l'année précédente.

3° Diviser les feuilles par canton et par perception, et dresser les états nominatifs (Modèle *Q*) qui doivent accompagner les feuilles d'extraits.

4° Rédiger, pour chaque canton, un état nominatif des jurés non électeurs (Modèle *R*).

Les feuilles d'extraits préparées et les états nominatifs (Modèle *Q*) doivent être adressés aux percepteurs le 1er mai, au plus tard. Cet envoi doit être accompagné de quelques feuilles en blanc (Modèle *P*), pour les extraits que les percepteurs auraient à rédiger pour des nouveaux ayant-droit, ou pour constater des nouvelles contributions applicables à des électeurs déjà inscrits.

A la même époque, il doit être publié un avis pour provoquer les demandes en inscription de la part des nouveaux ayant-droit, et les demandes en radiation de la part des électeurs qui auraient perdu la capacité légale.

Sous-Préfets.

Dans le courant de mai, les sous-préfets adressent aux maires et aux percepteurs des lettres de convocation pour les réunions cantonales. Ils transmettent en même temps aux maires des chefs-lieux de canton les états nominatifs (Modèle *R*) des jurés non électeurs, que le préfet leur aura adressés à cet effet.

Percepteurs.

A la réception des feuilles d'extraits de rôles préparées à la préfecture, les percepteurs en garnissent la 3e et la 4e partie, et ils rédigent des feuilles d'extraits pour les nouveaux ayant-droit, ou pour constater les nouvelles contributions applicables à des électeurs déjà inscrits.

(Voir pour ce travail les observations portées sur l'état nominatif (Modèle *Q*.)

Maires.

Le maire, après avoir pris connaissance tant des observations du préfet sur l'application

(1) Le travail relatif à la formation des listes d'arrondissement et de canton se centralisant à la préfecture, il serait superflu d'entrer dans de longs détails sur cet objet ; il suffira de rappeler la marche des opérations et de donner quelques Modèles que l'usage a fait reconnaître propres à apporter dans ce travail important et pénible toutes les facilités et toute l'exactitude qu'on peut attendre.

14

des contributions de l'année précédente, que de celles du percepteur sur la nouvelle application, garnit, suivant qu'il y a lieu, le certificat formant la 5e partie de la feuille, et il y consigne ses propres observations, soit sous le rapport des contributions, soit en ce qui concerne la position personnelle de l'électeur.

Il renvoie, *avant le 1er juin*, les feuilles d'extraits au percepteur, qui doit les présenter lui-même à la réunion cantonale.

Réunions cantonales.

Au jour fixé par le sous-préfet, les maires et les percepteurs du canton se réunissent au chef-lieu.

Si l'un des maires se trouve absolument empêché de se rendre à la réunion, il doit y être remplacé par son adjoint, ou, à défaut d'adjoint, par le conseiller municipal le premier inscrit au tableau.

La réunion est présidée par le maire du chef-lieu. En cas d'absence de ce fonctionnaire, l'assemblée est présidée par le plus âgé de ses collègues.

Les maires réunis désignent un secrétaire, qui pourra être pris soit parmi eux, soit parmi les percepteurs.

L'assemblée examine successivement chaque feuille d'extrait dans toutes ses parties, et consigne son avis dans la 6e partie de la feuille.

Elle s'occupe ensuite de la révision de l'état des jurés non électeurs; elle exprime son avis dans la colonne réservée pour cet objet, et elle indique les nouvelles inscriptions à faire.

Si des difficultés s'élèvent, elles doivent être résolues à la majorité absolue des suffrages des fonctionnaires municipaux. Les percepteurs n'ont pas voix délibérative; ils ne font qu'assister les maires : ils coopèrent aux travaux de l'assemblée, mais n'en font pas partie intégrante.

Le travail de l'assemblée doit être immédiatement transmis au sous-préfet.

Sous-Préfets.

Le sous-préfet s'assure si toutes les feuilles d'extraits de rôles mentionnées aux états nominatifs y sont jointes.

Il appose son visa sur la feuille (7e partie), et y exprime les observations qu'il pourra juger à propos de faire.

Il renvoie à la préfecture, le plus tôt possible, et au plus tard le 1er juillet, toutes les pièces qui lui ont été transmises par le président de la réunion cantonale.

Préfectures.

La révision se termine à la préfecture par les opérations suivantes :

Examen des feuilles d'extraits de rôles ;

Demande de renseignemens ou de justification, lorsqu'il y a nécessité ;

Rectification, s'il y a lieu, de l'application de contributions proposée par le percepteur (4e et 5e colonne de la 4e partie de la feuille d'extrait) ;

Transcription sur les bordereaux des nouvelles contributions;

Vérification des états des jurés non électeurs ;

Rédaction de la minute pour l'impression (les élémens de la minute se trouvent sur la 1re et la 4e page du bordereau) ;

Arrêtés et notifications.

Réclamations.

Les réclamations pour inscription, radiation et rectification, ne sont reçues que jusqu'au 30 septembre inclusivement. Elles doivent être signées par le réclamant, ou par son fondé de pouvoirs, et accompagnées de pièces justificatives.

Les pièces justificatives à produire sont en général :

1° L'acte de naissance ;

2° L'extrait ou les extraits de rôles délivrés par le percepteur et revêtus du certificat du maire ;

3° Les titres de propriétés, si les contributions ne sont pas imposées au nom du réclamant;

4° L'acte de délégation, s'il y a lieu.

Modèle O. — NOTA. Les cadres de ce Modèle doivent être imprimés en 4 pages in-4°, sur demi-feuille de papier *Double-Cloche* : la 1re page pour le titre et les indications qui suivent, la 2e et la 3e pour le bordereau, et la 4e pour la récapitulation.

(1re page du Modèle.)

DÉPARTEMENT DE LA DROME.

. INSCRIT au REGISTRE-MATRICULE page 450.

FORMATION DE LA LISTE GÉNÉRALE DU JURY POUR 1834.

Canton de Séderon.

BORDEREAU

Des Contributions directes de l'année 1833, *dont se forme le cens électoral, pour l'année* 1834, *de l'Électeur dénommé ci-après, ainsi qu'il conste des Extraits de rôles et des Titres justificatifs relatés dans ledit Bordereau.*

NOM : M. DUBOURG.

PRÉNOMS : Pierre-Arnaud.

PROFESSION, TITRES OU FONCTIONS : M.d épicier. (N'est plus épicier.) Propriétaire.

DOMICILE POLITIQUE : Izon.

DATE DE LA NAISSANCE : 6 janvier 1772.

NUMÉRO D'INSCRIPTION SUR LA LISTE D'ARRONDISSEMENT	
de 1833.	de 1834.
150	152

NUMÉRO D'INSCRIPTION SUR LA LISTE CANTONALE	
de 1833.	de 1834.
33	35

NOTA. Ce Bordereau présente, pour objet de comparaison, les contributions de 1832 qui ont été comptées à l'Électeur pour la Liste de 1833.

(4e page du Modèle.)

RÉCAPITULATION PAR PERCEPTION.

LIEUX DU PAIEMENT des CONTRIBUTIONS PROPRES OU DÉLÉGUÉES.		NATURE ET QUOTITÉ des CONTRIBUTIONS.				TOTAL des CONTRIBUTIONS par arrondissem.t de perception.	TOTAL des CONTRIBUTIONS de l'Électeur.
DÉPARTEMENT.	ARRONDISSEMENT de PERCEPTION.	FONCIÈRE et AVERTISSEM.t	PORTES et FENÊTRES.	PERSON.le et MOBILIÈRE.	PATENTE.		
	Montauban.	110 45	8 12	26 58	» »	144 95	204 90
On ne doit garnir cette colonne que pour l'indication d'un département étranger.	Izon.	49 14	10 81	» »	» »	59 95	

OBSERVATIONS.

NOTA. On trouve sur la 1re et la 4e page du Bordereau les élémens pour la formation de la minute de la Liste à imprimer.

(2e page du Modèle.) (3e page du Modèle.)

LIEUX DU PAIEMENT des CONTRIBUTIONS PROPRES OU DÉLÉGUÉES.		CONTRIBUTIONS DE 1832 qui ont formé LE CENS DE L'ÉLECTEUR SUR LA LISTE DE 1833.		CONTRIBUTIONS DE 1833 APPLICABLES A L'ÉLECTEUR pour la Liste de 1834.						OBSERVATIONS sur L'APPLICATION DES CONTRIBUTIONS.
ARRONDISSEMENS de PERCEPTION.	COMMUNES.	ARTICLES du RÔLE.	TOTAL de la CONTRIBUTION attribuée à l'Électeur.	ARTICLES du RÔLE.	FONCIÈRE et AVERTISSEMENT.	PORTES et FENÊTRES.	PERSONNELLE et MOBILIÈRE.	PATENTE.	TOTAL par ARTICLE.	
Montauban.	Izon.	50	177 08	51	110 45	8 12	26 58	» »	144 95	Déduction faite, 1° de la contribution afférente à une maison ayant 3 ouvertures, occupée par le fermier; 2° de la patente qui est à la charge de son fils.
Séderon.	Séderon.	130	7 66	136	7 65	» »	» »	» »	7 65	Total.
	Ferrassières.	61	59 90	70	41 49	10 81	» »	» »	52 30	Total par succession.
	TOTAL de 1833. . .		244 64					TOTAL pour 1834. . .	204 90	

NOTA. Si les 5 cases ci-dessus tracées ne suffisent pas, il sera facile de les diviser.

OBSERVATIONS sur la position personnelle de l'Électeur, en ce qui concerne sa capacité légale.

N.° D'ORDRE :

MODÈLE P. — NOTA. Les cadres de ce Modèle doivent être imprimés en 2 pages, sur un feuillet de papier *Bâtard* ou *Carré*.

DÉPARTEMENT DE LA DROME.

FORMATION DES LISTES ÉLECTORALES ET DU JURY POUR 1834.

Commune d'IZON.

Perception de MONTAUBAN.

CANTON DE SÉDERON.

1re PARTIE. — *Désignation de l'Électeur pour lequel la présente* Feuille d'extrait *est rédigée.*

NOM.	PRÉNOMS.	PROFESSION, TITRES OU FONCTIONS.	DOMICILE POLITIQUE.	DATE de LA NAISSANCE.	N.° D'INSCRIPTION SUR LA LISTE DE 1833 de l'arr.ent	du canton
M. DUBOURG.	Pierre-Arnaud.	Marchand épicier.	Izon.	6 janvier 1772	150	33

2e PARTIE. — *Contributions de* 1832 *qui lui ont été appliquées pour la formation de la Liste de* 1833.

ARTICLES du Rôle de 1832.	NOM, PRÉNOMS, SURNOM, DEMEURE ET PROFESSION DE L'INDIVIDU PORTÉ AU RÔLE, transcrits littéralement tels qu'ils étaient audit rôle.	CONTRIBUTIONS APPLIQUÉES A L'ÉLECTEUR. FONCIÈRE.	PORTES et FENÊTRES.	PERSONNELLE et MOBILIÈRE.	PATENTE.	OBSERVATIONS sur L'APPLICATION DES CONTRIBUTIONS.
50	M. DUBOURG Pierre-Arnaud, Épicier.	112 92	17 81	21 28	25 07	Déduction faite de la contribution foncière afférente à un revenu matriciel de 40 fr. pour une propriété vendue au sieur Martin.
		TOTAL..... 177 08				
		Le revenu matriciel porté au rôle était de. 584f 95c				

3e PARTIE. — *Extrait du Rôle des Contributions directes de l'année* 1833.

NOM, PRÉNOMS, SURNOM, DEMEURE ET PROFESSION DE L'INDIVIDU PORTÉ AU RÔLE, transcrits littéralement tels qu'ils sont portés audit rôle.	NATURE des CONTRIBUTIONS.	BASE ET DÉTAIL des DIVERSES CONTRIBUTIONS.			MONTANT total des contributions en principal, centimes additionnels et réimpositions.		OBSERVATIONS DU PERCEPTEUR SUR LES CHANGEMENS SURVENUS dans le revenu matriciel et les autres bases de cotisations.
ARTICLE (51). M. DUBOURG Pierre-Arnaud, Épicier.	FONCIÈRE.	Pour un revenu de 544f 95c.			110	40	La mutation relative à la propriété vendue au sieur Martin a été opérée.
	PORTES et FENÊTRES.	Nombre. portes cochères, charretières et de magasin .					
		11 portes et fenêt. des rez-de-ch., 1er et 2e étage.	8	12			
		fenêtres du 3e étage et au-dessus.					
		maisons à 1 ouverture.			9	23	
		maisons à 2 ouvertures					
		1 maisons à 3 ouvertures	1	11			
		maisons à 4 ouvertures					
		maisons à 5 ouvertures.					
	PERSONNELLE ET MOBILIÈRE.	1 Cote personnelle.	1	95	26	38	
		Cote mobilière sur un loyer de 90f.	24	43			
	PATENTES.	Droit fixe.	8	»	25	07	
		Droit proport.el sur une valeur locative de 150f. .	15	»			
		Centimes additionnels	2	07			
		Plus, pour frais d'avertissement			»	05	
		Paiera la somme totale de			171	13	

4e PARTIE. — *Application des Contributions de* 1833 *à l'Électeur dénommé en tête du présent* (1re Partie).

OBSERVATIONS DU PERCEPTEUR sur L'APPLICATION DES CONTRIBUTIONS portées dans l'extrait ci-dessus (3e *Partie*).	CONTRIBUTIONS APPLICABLES A L'ÉLECTEUR. NATURE.	MONTANT.	APPLICATION RECTIFIÉE. (Le Percepteur n'a pas à s'occuper des deux colonnes ci-dessous qui seront garnies, s'il y a lieu, à la Préfecture.) SOMMES.	DÉTAILS.
A déduire la contribution afférente à une maison ayant trois ouvertures, occupée par le fermier.	Foncière.	110 40	110 40	Déduction faite, 1° De la contribution afférente à une maison ayant 3 ouvertures, occupée par le fermier. 2° De la patente qui est à la charge du fils du cotisé.
	Portes et fenêtres. . . .	8 12	8 12	
	Personn.le et mobilière. .	26 38	26 38	
	Patente.	25 07	» »	
	Avertissement	» 05	» 05	
	TOTAL.	170 02	144 95	

JE certifie l'Extrait ci-dessus (3e *Partie*), délivré par moi soussigné, exactement conforme au Rôle, et j'observe que sur les Contributions que présente ledit Extrait, celles portées dans le Tableau de l'application (4e *Partie*) doivent être attribuées à M. (A) DUBOURG (Pierre-Arnaud).

A Montauban, le 1833.

Le Percepteur,

(A) Mettre ici les nom, prénoms, etc., de l'Electeur, tels qu'ils sont indiqués en tête du présent (1re *Partie*).

OBSERVATIONS.

Si M. le Maire pense que les détails explicatifs fournis par le Percepteur soient inexacts ou incomplets, il est invité à consigner ses propres observations au bas du certificat.

S'il s'agit de délégation, il mettra le nom de la veuve après ces mots : *il certifie que M.* (*a*), et le nom de l'Électeur après ces mots : *doivent entrer dans le cens de M.* (*b*).

5e Partie. — *Certificat du Maire de la Commune dans laquelle les Contributions sont assises.*

Le Maire de la Commune d'Izon, après avoir pris connaissance des observations du Percepteur, tant de celles relatives aux changemens survenus dans le revenu matriciel et les autres bases de cotisations, que de celles concernant l'application des Contributions, reconnaît qu'elles sont exactes, et il certifie que M. (*a*) Dubourg (Pierre-Arnaud) possède les propriétés donnant lieu à la Contribution foncière qui lui est attribuée ;

Que la Contribution personnelle et mobilière portée d'autre part lui est propre ;

Que la Contribution des portes et fenêtres qui lui est appliquée repose sur des maisons lui appartenant et non occupées par des locataires ;

Qu'il exerce depuis une époque antérieure au 20 octobre 1832 la profession pour laquelle il est imposé à la Contribution des patentes ;

Et que ces diverses Contributions, s'élevant à 170 fr. 02 c., doivent entrer dans le cens de M. (*b*) Dubourg (Pierre-Arnaud).

Fait à Izon, le 1833.

Le Maire,

6e Partie. — *Observations de la Réunion cantonale* (1).

La Réunion cantonale déclare qu'il est de notoriété publique que le sieur Dubourg a cédé son commerce à son fils.

En séance, à Izon, le 1833.

Le Président, *Le Secrétaire,*

Vu par nous Préfet du département de la Drome, pour légalisation de la signature de M.

7e Partie. — *Vu par le Sous-Préfet de l'arrondissement de Nyons, qui reconnaît fondée l'observation de la Réunion cantonale.*

A Nyons, le 1833.

Le Sous-Préfet.

(1) La Réunion cantonale énoncera son avis sur l'application de la contribution, ainsi que sur les renseignemens présentés par le Percepteur et le Maire, et elle émettra ses propres observations, sous le rapport de la position personnelle de l'Électeur, en ce qui concerne sa capacité légale.

DÉPARTEMENT d

FORMATION DES LISTES ÉLECTORALES ET DU JURY POUR 1834.

Les Percepteurs sont tenus de délivrer *gratis* les Extraits de rôles qui leur sont demandés par les Préfets et les Sous-Préfets, pour la révision des Listes électorales et du Jury. (*Lettre ministérielle du* 31 *juillet* 1828.)

MODÈLE Q. —

NOTA. Les cadres de ce Modèle doivent être imprimés en 4 pages in-4°, sur une demi-feuille de papier *Double-Cloche* : la 1re page pour le titre et les observations, la 2e et la 3e pour l'état, et la 4e pour l'indication des extraits de rôles.

(1re page du Modèle.)

CANTON d

PERCEPTION d

ÉTAT NOMINATIF

Des Électeurs d'arrondissement et de canton, pour lesquels il est demandé des Extraits des Rôles de 1833, *pour constater les contributions qui leur sont applicables.*

OBSERVATIONS.

A la réception du présent État, le Percepteur doit s'occuper de la rédaction des feuilles d'extraits de rôles. Ce travail consiste à garnir la 3e et la 4e partie des feuilles qui ont été préparées à la Préfecture.

A cet effet, il transcrit dans la 3e partie l'extrait du nouveau rôle, et explique dans la dernière colonne les changemens survenus dans les bases de cotisations.

Passant ensuite à l'application des contributions, il prend connaissance des observations mises dans la dernière colonne de la 2e partie, et il constate, s'il y a lieu, dans la 1re colonne (1) de la 4e partie, que l'application doit être faite d'après les mêmes bases que l'année précédente, ou bien, il y fait connaître les nouvelles bases de l'application, et porte dans la 3e colonne de la 4e partie les contributions applicables à l'Électeur.

Le Percepteur rédige ensuite, sur les feuilles en blanc qui lui ont été adressées à cet effet, les extraits des contributions applicables aux nouveaux ayant-droit qu'il connaîtrait, ou pour constater des nouvelles contributions applicables à des Électeurs déjà inscrits. Dans ce cas, la 2e partie de la feuille doit rester en blanc. Ces nouvelles feuilles seront enregistrées sur la 4e page du présent.

Tous les extraits doivent être remis aux Maires respectifs des communes où les contributions sont assises : cette remise doit avoir lieu, au plus tard, le 20 mai.

Le Maire, après avoir garni la 5e partie des feuilles qui lui ont été remises, les rend, avant le 1er juin, au Percepteur, qui les présente à la Réunion cantonale.

(1) Consulter, pour la manière dont cette colonne doit être garnie, les exemples donnés dans la collection de bulletins Modèle *F*.

(2e et 3e page du Modèle.)

N.os D'ORDRE.	NOMS DES ÉLECTEURS.	COMMUNES OU LES CONTRIBUTIONS SONT ASSISES.	N.os D'ORDRE.	NOMS DES ÉLECTEURS.	COMMUNES OU LES CONTRIBUTIONS SONT ASSISES.

(4e page du Modèle.)

INDICATION des Extraits de Rôles rédigés d'office par le Percepteur pour des nouveaux ayant-droit, ou pour constater des nouvelles contributions applicables à des Électeurs déjà inscrits.

NOMS des ÉLECTEURS OU AYANT-DROIT.	COMMUNES où les CONTRIBUTIONS SONT ASSISES.	OBSERVATIONS.

DÉPARTEMENT d

Modèle *R.* — NOTA. Les cadres de ce Modèle doivent être imprimés en 4 pages in-4°, sur une demi-feuille de papier *Double-Cloche* : la 1re page pour le titre et les renseignemens qui suivent, les 2e, 3e et 4e pour le tableau, à 5 cases par page.

FORMATION DE LA LISTE GÉNÉRALE DU JURY POUR 1834.

2e *PARTIE.*

Canton d

ÉTAT NOMINATIF

DES JURÉS DOMICILIÉS DANS LE CANTON,

PORTÉS SUR LA 2e PARTIE DE LA LISTE DE 1833,

PRÉSENTANT

LES RENSEIGNEMENS ET LES OBSERVATIONS DE LA RÉUNION CANTONALE,

POUR LA FORMATION DE LA LISTE DE 1834.

Ont droit à l'inscription

Sur la 2e Partie de la Liste du Jury,

S'ils sont âgés de 30 ans ou si leur 30e année s'accomplit avant le 20 octobre suivant :

1° Les Électeurs ayant leur domicile dans le département, mais faisant partie de colléges d'autres départemens ;

2° Les fonctionnaires nommés par le Roi à des fonctions gratuites ;

3° Les Officiers en retraite jouissant d'une pension de 1,200 fr. au moins, et domiciliés dans le département depuis cinq ans;

4° Les Docteurs, les Licenciés inscrits au tableau des Avocats ou des Avoués, ou chargés d'un enseignement, ou domiciliés dans le département depuis 10 années; les Membres et Correspondans de l'Institut, les Membres des autres Sociétés savantes reconnues par le Roi;

5° Les Notaires ayant trois ans d'exercice.

La Réunion cantonale doit principalement examiner si les Jurés non Électeurs n'ont point changé de domicile et s'ils conservent la qualité qui a donné lieu à leur inscription.

(2e, 3e et 4e page du Modèle.)

N.° D'ORDRE sur LA LISTE révisée.	1° Nom; 2° Prénoms; 3° Domicile réel; 4° Date de la naissance.	QUALITÉ DONNANT LIEU A L'INSCRIPTION.	OBSERVATIONS ET RENSEIGNEMENS de LA RÉUNION CANTONALE.
	1° M. 2° 3° 4°		
	1°		

En séance, à le juin 1834.

Le Secrétaire, *Le Président,*

TABLE DES MATIÈRES.

PREMIÈRE PARTIE. — LOIS ÉLECTORALES.

DEUXIÈME PARTIE. — FORMATION DES LISTES.

TROISIÈME PARTIE. — ÉLECTIONS.

MODÈLES.

QUATRIÈME PARTIE. — FORMATION DES LISTES ÉLECTORALES ET DU JURY ET DE CELLES DES ÉLECTEURS CANTONAUX.

FIN DE LA TABLE.

www.ingramcontent.com/pod-product-compliance
Ingram Content Group UK Ltd.
Pitfield, Milton Keynes, MK11 3LW, UK
UKHW021105260726
13994UKWH00002B/721